DUMONT
DIREKT

Tel Aviv

Agnes Fazekas

Inhalt

Das Beste zu Beginn

Wilder Süden
Während es an den Stadtstränden um Sehen und Gesehenwerden geht, spaziert man vom Givat Aliyah Beach vor Ajami oft einige Minuten allein in schönster Melancholie an einer wilden Küste entlang. Sogar die dystopische Skyline von Bat Yam wirkt dann irgendwie ästhetisch.

Meer ohne Quallen
Magisch soll es sein, ein mineralhaltiger Jungbrunnen: Jeden Morgen wird das Wasser im Gordon Pool aus 150 Meter Tiefe heraufgepumpt. Genau 24 Grad hat es das ganze Jahr über. Nach dem ersten Schock fühlt es sich ungeheuer weich an. Zartbitter läuft es durch den Mund, brennt kurz in den Augen. Der Salzgehalt sorgt für gehörig Auftrieb.

Jom Kippur auf der Autobahn
Der höchste jüdische Feiertag wird selbst von den säkularen Tel Avivis gern zelebriert. Denn dann ist Autofahren verboten und man kann gemütlich über die Schnellstraßen radeln oder sich auf dem Mittelstreifen sonnen. Surreal!

Kikar Levana
Der weiße Platz liegt etwas außerhalb im Edith Wolfson Park, beinahe schon in Givatayim, auf dem höchsten Hügelchen von Tel Aviv. Die kleine Reise ist er wert, wenn man Gefallen findet an bekletterbarer Kunst. Dani Karavans Skulptur aus weißem Beton erstreckt sich auf 30 mal 50 Metern und spielt mit der Wahrnehmung von Landschaft und Natur.

Malabi
Der Konflikt macht vor nix halt: Und ja, Malabi ist wie Hummus oder Falafel mindestens so palästinensisch wie israelisch, weil eben aus dem arabischen Raum. Aber nirgendwo wird der Rosenwasser-Pudding so lässig am Biertisch veputzt. (HaMalabyia, Amiad Street 11 oder Allenby Street 60)

Matkot-Werkstatt

Es wurde schon zu viel geschrieben zu Tel Avivs Nationalsport, dem Matkot, auch in diesem Büchlein. Lieber selber mal einen Schläger in die Hand nehmen! Die besten gibt es von Vater Dagan in Florentin (Ting Dong Dagan, HaRabi MiBachrach St 10).

Indie City

Wer Fernweh hat oder die israelische Indie-Szene mit nach Hause nehmen will: Easy! Die Indie-City-Serie auf Youtube ist eine sehr gute Nachmache des Konzepts von »La Blogothèque« und präsentiert lokale Musiker wie Ester Rada, Yemen Blues oder The Angelcy in charmanten Ecken von Tel Aviv oder Jerusalem. Also auch was zum Gucken.

Yung Yiddish Konzert

Weil sowieso niemand in Tel Aviv gewesen sein sollte, ohne zumindest einmal durch die Central Bus Station geirrt zu sein, verbindet man besser die Pflicht mit der Kür – und stattet Mendy Cahan, dem charmanten Kurator der Jiddischen Bibliothek, einen Besuch ab. Zu einem Klezmer-Abend zum Beispiel: www.facebook.com/yiddish.telaviv.

!

Gaga

Klingt gaga, fühlt sich auch so an beim ersten Mal. »Stellt euch vor, ihr treibt im Meer«, sagt eine sanfte Stimme. Und schon steckt man in einem Knäuel aus wogenden Menschen. Aber dann kopiert man hier eine Bewegung, erfindet dort eine eigene. Der Kopf wird leiser. Der Körper übernimmt, bricht aus seinem Alltagskorsett aus. Mitten am Tag stolpert man aus dem Studio und fühlt sich wie nach einer glücklich durchtanzten Nacht – nur ohne Kater. www.gagapeople.com/english/israel/tel-aviv/

Seit vier Jahren lebe ich in Tel Aviv. Einer meiner Lieblingsmomente: wenn sich am Strand unter Jaffa Techno-Bässe mit dem Geläut von Kirchenglocken und dem Ruf des Muezzins vermischen.

Fragen? Erfahrungen? Ideen?

Ich freue mich auf Post.

@ *Mein Postfach bei DuMont:*
a.fazekas@dumontreise.de

Das ist Tel Aviv

Tel Aviv ist ein Paradoxon. In jeder Hinsicht. Erstmal, weil die Stadt so alt ist und so jung zugleich. Jaffa im Süden ist eine der ältesten Siedlungen des Nahen Ostens. Anders als Haifa und Jerusalem war Tel Aviv aber nie eine gemischte Stadt. Nach dem Palästinakrieg 1948 zwar offiziell mit Jaffa zusammengelegt, blieb sie gefühlt doch das Bindestrich-Habitat ›Tel-Aviv-Yafo‹ mit zwei kulturellen Polen. Kein Wunder, komplizierter könnte die Beziehung zwischen den beiden nicht sein: Jaffa hat Tel Aviv geboren, Tel Aviv hat sich Jaffa einverleibt. Vielen gilt das als Metapher für den Nahost-Konflikt.

Blase der Heiterkeit im Irrsinn?

Gleichzeitig wird gelästert, dass sich die Hedonisten in ihrer Blase sowieso um nichts anderes scheren als Strand, Party und gutes Essen. Und ja, auch das stimmt, irgendwie. Diametral zu Jerusalem, der unantastbaren, weil heiligen Stadt, war Tel Aviv immer Gegenwart. Offen, dynamisch, weltlich. Ein Experimentierkasten für die junge Nation. Ein weißes Blatt, auch was Kunst und Architektur angeht. Nach all dem Überleben, endlich: Leben!
Tel Aviv war von Anfang an ein Refugium, ein Sehnsuchtsort, erst für die Juden aus der Diaspora, später und bis heute für die jungen Israelis in der Provinz. Ein optimistischer und moderner Gegenentwurf zu den Ghettos Europas. Das hat sich bis heute gehalten: Die Menschen feiern das Leben, auch wenn sie Chaos umgibt. Am Schabbat geht man hier nicht in die Synagoge, sondern an den Strand und huldigt höchstens dem Körperkult. Schließlich wurde die Stadt auf Sand gebaut, so wird es gern überliefert, also quasi aus dem Nichts erschaffen. Dabei schwoll Tel Aviv in wenigen Jahrzehnten so rasant an, dass kaum Zeit war zum Innehalten, zum Bewahren, stattdessen galt es, sich mit jeder Einwanderungswelle neu zu erfinden. Menschen, ihre Sprachen und Gebräuche wurden einfach dazugeworfen in diesen ständig vor dem Überkochen stehenden Kessel. Auch wörtlich genommen: Die neue israelische Küche, wie sie vor allem in Tel Aviv zelebriert wird, soll aus über 150 kulturellen Einflüssen fusioniert sein. Dass Tel Aviv schnell Heimat werden musste, für Leute aus so vielen Ecken der Welt, ist vielleicht auch der Grund, wieso man sich hier als Europäer immer gleich halb zu Hause fühlt.

Naher Osten, nackte Haut

Für überhöfliches Geplänkel oder Berührungsängste ist natürlich kein Raum, wenn so viele Mentalitäten und Kulturen aufeinandersitzen. Da sind zum Beispiel Russen, Franzosen, Irakis, Marokkaner, Jemeniten und Äthiopier auf der jüdischen Seite. Dazu die Gastarbeiter aus Asien und die illegalen Einwanderer aus Afrika. Und natürlich die Palästinenser.
Die Dichotomie setzt sich fort: Naher Osten. Nackte Haut. Macho-Frauen und feministische Männer. Laissez-faire versus High-Tech-Boom. Während nachts gefeiert wird, als ob es kein Morgen gäbe, wird tagsüber bereits am Übermorgen gebastelt. Nach dem Silicon Valley gilt der Großraum Tel Avivs als Start-up-freundlichste Region der Welt.

Die Kunst des In-den-Tag-Lebens lernt man beim Leutegucken auf dem Rothschild Boulevard.

Und das alles in einem Format, das sich locker zu Fuß erlaufen lässt – oder wenn man Israeli ist, natürlich mit dem Elektrofahrrad, dem Hoverboard oder E-Roller. Sobald man den Strand verlässt, wird nämlich jeder Tropfen Schweiß vermieden – und das ist bei 80 Prozent Luftfeuchtigkeit und 320 Sonnentagen gar nicht so leicht. Dazu kommt der ›Pkak‹! – Immer hat es Stau.

Wie ein Naturschutzreservat wirkt deswegen der breite Rothschild Boulevard, auf dem die Kunst des Flanierens, Kaffeetrinkens und dabei In-den-Tag-Träumen noch weitaus raffinierter ausgelebt wird als auf der Strandpromenade. Wer trotzdem eine Entschuldigung braucht, schafft sich einen Hund an, wie beinahe jeder vierte Städter.

Buntes Psychogramm

Auf der anderen Seite hat die Stadt politisch seit jeher eine laute Stimme. Nicht nur in Sachen Nahost-Konflikt wird hier dagegen gehalten. Vor allem im Süden der Stadt zeichnet die Street-Art an den Hauswänden ein buntes Psychogramm ihrer liberalen Seele. Tel Aviv gilt nicht nur als veganste Stadt der Welt, sondern auch als Mekka der LGBT-Szene.

Man kann also durchaus sagen: Tel Aviv ist eine Geisteshaltung. Und ihr Lebensrhythmus macht die Küstenmetropole zu einer Stadt, die zigmal größer erscheint, als sie nach Einwohnerzahl (nur knapp 440 000) ist. All das führt dazu, dass die Tel Avivis überzeugt sind, dass es in Israel keinen anderen Ort für sie zum Leben gibt. Dafür sind sie sogar bereit, die surrealen Mietpreise zu zahlen. Immer lieber auch im südlichen Jaffa übrigens. Vielleicht, weil es in dieser Stadt, die sich in ihrer Dynamik manchmal so flüchtig anfühlt, gut tut, auf 3000 Jahre alte Mauern zu schauen. In diesem Land gibt es immer mindestens zwei Wahrheiten – und in Tel Aviv findet man viele Orte, an denen es gelingt, keine davon auszublenden …

Tel Aviv in Zahlen

5

Millionen Dollar wurden in den Neunzigern bereits für die ersten Luxusappartements in Ajami bezahlt. Ajami galt damals als eines der ärmsten Viertel Tel Avivs.

8

Prozent höher als in Jerusalem sind die Wohnungspreise in Tel Aviv (und 91 Prozent höher als in Haifa).

19

Cent, das war der Spottpreis für einen Schokopudding in einem Berliner Supermarkt, der für den ›Milky-Skandal‹ sorgte. Die Regierung gemahnte daraufhin junge Israelis, nicht wegen der Lebensmittelpreise auszuwandern. Immerhin leben momentan schon etwa 20 000 Israelis in Berlin.

33

Prozent der Einwohner sind zwischen 18 und 35 Jahren alt.

35

Prozent der Kinder in den Kindergärten haben laut Stadtverwaltung homosexuelle Eltern.

40

Jahre alt war Tel Aviv, als es 1948 mit dem 4000 Jahre alten Jaffa vereint wurde.

60

Kilometer vom heiligen Jerusalem entfernt liegt Tel Aviv, gefühlt sind es Lichtjahre.

91,8

Prozent der Tel Avivis sind Juden mit Wurzeln in aller Welt. Nur 4,2 Prozent sind muslimische und christliche Araber.

120

Muscheln waren es, mit denen 66 Familien 1909 erste Grundstücke vor den Toren Jaffas unter sich auslosten.

400

vegane Restaurants will die ›veganste Stadt der Welt‹ vorweisen können.

544

aktive Synagogen gibt es im säkularen Tel Aviv.

20 000

Stadthunde freuen sich über eigene Strandabschnitte und 60 Hundeparks.

230 000

Quadratkilometer verteilen sich im Zentralen Busbahnhof auf sieben Etagen. Damit ist er nach Neu Delhi der zweitgrößte der Welt.

439 000

Menschen leben heute in Tel Aviv (1931 waren es nur 46 000, sieben Jahre später bereits 150 000).

1200

High-Tech-Start-ups verschaffen Tel Aviv den Ruf eines ›Silicon Wadi‹.

Was ist wo?

Wie eine kosmopolitische Wohngemeinschaft wirkt die Stadt, jedes Viertel ein Zimmerchen, mit eigenen Regeln, Tapeten und Gerüchen. Vor allem im Süden fühlt sich ein Spaziergang an wie eine Entdeckungstour rund um den Globus: in Länder, die man von Reisen kennt, und andere, die sich jemand mit viel Phantasie ausgedacht haben muss. Und selten liegt der Strand mehr als fünfzehn Gehminuten entfernt.

Am Strand entlang

Im Süden trutzen die alten Gemäuer von **Jaffa** auf einer Anhöhe, im Norden gräbt sich der **Yarkon-Fluss** zum Meer durch und dazwischen liegt der Strand – das sind die Landmarken, die Tel Aviv auf drei Seiten eingrenzen. Im Osten bildet der **Ayalon Highway** (🗺 Karte 5) die offensichtliche Grenze zur Peripherie. Für alle, die es sich leisten können, franst die eigentliche Stadt jedoch schon weit vorher aus. Selbst der schick aufgezogene **Sarona-Markt** (🗺 J 10) in der alten Templer-Siedlung zieht eher Volk von auswärts an.

Dazu kommt ein Nord-Süd-Gefälle, das die Bewohner in die Schublade ›wohlhabende, pseudolinke, eurozentrierte Spießer‹ einerseits und andererseits in die der ›ungebildeten orientalischen Juden, Araber und prekär lebenden Hipster‹ steckt. Tatsächlich werden Straßenbild, Etablissements und Geräuschkulisse zum Süden hin zunehmend bunter und lauter. Während auf Höhe des **Yachthafens** (🗺 E/F 7) und der touristisch aufgemachten Vergnügungsmeile im **Old North** außer Hotelbunkern und europäisch anmutenden Wohnanlagen nicht viel zu sehen ist, kann man in den autofreien Gassen des **Kerem HaTeimanim** (jemenitisches Viertel) rund um den **Shuk HaCarmel** (🗺 E/F 10) wunderbar Tag und Abend in Cafés und Bars vertrödeln und sich dabei einmal durch die Weltgeschichte essen. Nur ein Katzensprung ist es von hier ins puppenstubige **Neve Tzedek** (🗺 Karte 2, E/F 11) mit den restaurierten Häuschen von Tel Avivs erster (und lange armseliger) Nachbarschaft. Dass hier heute wohlsituierte Künstler leben, sieht man den teils phantasievoll verzierten Fassaden an. Die **Shabazi Street** hat sich in den letzten Jahren zu einer breiten, von Boutiquen gesäumten Gasse gemausert.

Der Flair der Weißen Stadt

Als **Lev Halr** (›Herz der Stadt‹) gilt alles, was unter dem Old North und zwischen **Allenby Street** und **Rothschild Boulevard** liegt. Diese beiden Straßennamen lohnt es sich zur Orientierung zu merken. Außerdem spiegeln sie in ihrer Gegensätzlichkeit die Seele Tel Avivs wider: die Allenby Street in ihrer lauten, schmutzig-direkten Art, von Billig-Shops gesäumt, immer ungeduldig, ellenbogig, in Bewegung. Der Rothschild Boulevard dagegen eine breite Flaniermeile mit Kaffee-Kiosken, von exotischen Bäumen überkront, sowie den erfolgreichsten Vertretern der Start-up-Szene flankiert. Ans nördliche Ende des Rothschild Boulevards schließt das **kulturelle Zentrum** Tel Avivs an, vom **Nationaltheater** (🗺 G 9) auf dem Habima Platz bis zum **Museum of Art** (🗺 J 8). Außerdem häuft sich in Straßen zwischen Dizengoff Platz und Rothschild die Architektur im internationalen Stil (Bauhaus).

Der bunte Süden

Über die **Eilat Street** geht es ins quirlige **Florentin** (🗺 E–G 12) mit seiner

Patina aus Hundepipi und abblätternden Graffiti. Obwohl schon durchsetzt von den Zeichen der (zweiten) Gentrifikation, mischen sich hier immer noch Händler, Handwerker, Künstler und mehr oder weniger hippes Feiervolk. Trotzdem gibt sich der **Levinsky-Markt** mit seinen Säcken voller Gewürze so bodenständig wie eh und je. Beinahe wöchentlich verschiebt sich die unsichtbare Grenze gen Osten zum Viertel der illegalen Einwanderer und Gastarbeiter in **Neve Sha'anan** rund um den **Zentralen Busbahnhof** (🕮 G/H 12). Auch wenn die meisten Israelis die Nachbarschaft meiden, lohnt sich ein Besuch nicht nur für einen Realitätsabgleich: Wer sich in provisorisch eingerichtete Garküchen traut, wird mit authentischer asiatischer und afrikanischer Küche belohnt. Der Busbahnhof selbst ist nicht nur ein architektonisches Labyrinth für Fans des Brutalismus, sondern auch ein Geheimtipp für City-Safaris. (Und von hier geht es am schnellsten nach Jerusalem.)

Jaffa, die Schöne

Von fern trutzt Jaffa wie eine warmleuchtende Burg über der Bucht. Hinter dem Kreisverkehr unter dem **Uhrturm** (🕮 Karte 4, D 13) heißt es, sich zu entscheiden: Links geht es in die mit Antiquitäten und Tand vollgestopften Korridore des **Flohmarkt-Viertels.** Neben den arabischen Händlern betupfen gemütliche Hipster-Cafés und Boutiquen von Jungdesignern die aufstrebende Nachbarschaft. Wer sich rechts hinter der Moschee hält und in den Gassen der Altstadt unter dem von Palmen bewachsenen Park **Gan HaPisga** (🕮 Karte 4, C 13) verliert, der landet entweder zwischen Reisegruppen auf dem **Kedumim Platz** vor der **Petruskirche** oder gleich unten im **Hafen** bei den alten Fischkuttern. Glatt hergerichtet wirkt das ganze Areal hübsch, aber auch etwas museal. Die jüdischen Kunsthandwerker und Touristen-Restaurants, die von der Stadt in die alten Gemäuer gesetzt wurden, tragen zur Authentizität der antiken Hafenfeste wenig bei. Wer wissen will, wie die arabischen Israelis in Jaffa heute wirklich leben, muss die **Yefet Street** (🕮 C 13–15) Richtung Süden hochlaufen, tiefer hinein ins Viertel **Ajami.**

Augenblicke

Wenn der Boulevard brennt

Wenn im Sommer die Feuerakazien auf dem Rothschild Boulevard blühen, bekommt die weiße Stadt ein glühendes Kronendach. Mit Moses' brennendem Dornbusch hat die Feuerakazie allerdings nichts zu tun. Im Gegenteil, die zionistischen Landschaftsplaner wollten mit Pflanzen aus der ganzen Welt eine neue Identität in den Boden der ersten ›hebräischen Stadt‹ pflanzen. Der Flammenbaum stammt ursprünglich aus Madagaskar, zählt inzwischen aber als internationales Gewächs. Die ersten Bäume waren bereits im 19. Jahrhundert von deutschen Templern ins heutige Tel Aviv gebracht worden.

City of Dog

Während die vielen heimatlosen Katzen wie Schattengestalten um die Häuser streichen, gehört Tel Aviv den Hunden. Zwar besteht Leinenpflicht, aber keiner schimpft, wenn man den Hund in den Supermarkt, die Kneipe oder sogar die Boutique mitnimmt. Wassernäpfe stehen überall bereit. Ja, es gibt beinahe mehr Geschäfte für Knochen und Leckerlis als Bars – und das will was heißen. Dazu 60 Hundeparks, Waschsalons und sogar einen eigenen Fernsehkanal, der Hunde in Abwesenheit des Herrchens unterhalten soll. Wer wundert sich da noch über spezielle Hundestrände?

Im Zeichen des Regenbogens

Tel Aviv ist sehr stolz auf seinen Status als ›gay-freundlichste Stadt der Welt‹. Von islamisch geprägten Nachbarn umgeben, und mit wachsender ultraorthodoxer Bevölkerung im Land, ist das schon eine Leistung. So gilt die jährliche Tel Aviv Pride nicht nur als wildeste Partywoche, sondern auch als eine bunte Demonstration für die Freiheit. Und doch befürchtet die LGBT-Community, instrumentalisiert zu werden. Regelmäßig finden Proteste gegen ›Pinkwashing‹ statt. Also die Weichspülung von Besatzung, Konflikt oder Umgang mit Asylbewerbern unter der Flagge der aufgeschlossenen Weltstadt.

Ihr Tel-Aviv-Kompass

WOMIT FANGE ICH AN?

Yalla, Habibti!

#1
Antike arabische Hafenstadt, neue Hummus-Koexistenz – **in Old Jaffa**

LITTLE SOFIA …

LITTLE PARIS!

LITTLE TEHERAN?

#2
Aus alt mach hip – **Shuk Pishpeshim (Flohmarkt) und Ajami**

Blick in die deutsche Vergangenheit

#3
Von Zügen und Zugvögeln – **Noga und Kolonie**

Zusammen ist man weniger allein – von Acroyoga bis Volkstanz

#15
Die Grüne Lunge der Wüstenstadt – **der HaYarkon-Park**

»WAS SIND ZFONBONIM?«

#14
Ein Hauch Europa im Orient – **der Alte Norden und ein neuer Hafen**

Zeremonienmeisterei

#13
Platz der verlorenen Hoffnung – **Rabin Square**

ORIGAMI AUS **BETON**

#12
Keine Geschmacksfrage – **rund ums Tel Aviv Museum of Art**

#4

Street-Art und die Gewürze des Orients – **das bunte Florentin**

#5

Der weiße Elefant und die (ungewollten) Einwanderer – **Neve Sha'anan**

PSYCHOGRAMM PER SPRÜHDOSE

Und die BÜCHER zittern im Rhythmus des Busfahrplans

#6

Boulevard der Lässigkeit – **die Sderot Rothschild**

KIOSKKULTUR + START-UP-FIEBER

GAGA IM GRÜNDERVIERTEL

#7

Puppenstube der Pioniere – **Neve Tzedek**

WER HIER EINFACH NUR HERUMLIEGT, IST TOURIST

#8

Heilig ist hier nur der Körperkult – **14 Kilometer Stadtstrand**

Hier tickt nur die innere Uhr

Weiße Stadt, graue Stadt?

Schabbat in Soho

#9

Im Königreich der Kichererbsen – **Carmel-Markt und Kerem (HaTeymanim)**

#11

Bauhaus und Brutalismus **– von Dizengoff-Platz bis HaBima-Theater**

#10

Lefties, Dichter, Schläfenlocken – **King George und Sheinkin Street**

1

Antike arabische Hafenstadt, neue Hummus-Koexistenz – **in Old Jaffa**

Vom höchsten Punkt in Jaffa schwappt der Blick über sesamfarbene Gemäuer, vorbei am Minarett der Mahmudiya-Moschee, taucht kurz ins Mittelmeer ein – und prallt dann gegen eine stahlblau verspiegelte Skyline. Spätestens, wenn der Muezzin zum Gebet ruft, flattert es im Bauch: Wie nah und fern sich die verschiedenen Welten sind in dieser Stadt!

Die Aussicht vom Amphitheater im **Gan HaPisga** 1 über der Altstadt wirkt an klaren Tagen wie photogeshoppt, so heftig ist der Kontrast zwischen bröselndem Sandstein hier und gläsernem Hochhaus da, vom aufgeräumten Norden zum Süden, wo sich Kulturen und Geschichten verknäueln wie die Nester aus Stromkabeln, die überall von den Fassaden hängen.

Von der Wunschbrücke aus wirkt die Altstadt wie ein Open-Air-Museum.

Geschichten, die gern erzählt werden und andere, über die man lieber Gras wachsen lässt. Immerhin, Jaffa hat, was dem jungen Tel Aviv fehlt: Gemäuer, das sich an Mythen und Sagen erinnert. Gut 4000 Jahre, in denen sich das Who is Who der Weltgeschichte um den natürlichen Hafen stritt. Kanaaniter und Ägypter, Römer und hebräische Aufständische, Griechen und Byzantiner, Kreuzfahrer und Sarazenen, Mamlukken und Osmanen.

Hand aufs Astro-Zeichen legen, aufs Meer gucken, sich was wünschen …

Dagegen wirkt der Nahost-Konflikt wie ein Wimpernschlag – und es lässt sich verdrängen, dass Jaffa Anfang des 20. Jahrhunderts als ›Braut von Palästina‹ galt. Wohlhabend durch den Export der süßen Jaffa-Orangen, die rundherum wuchsen. Mit einer relativ friedlich zusammenlebenden Bevölkerung aus Moslems und arabischen Christen sowie einer wachsenden Minderheit von Juden.

Es lässt sich vergessen, dass es Juden aus Jaffa waren, die vor der Stadtmauer die ersten Häuser einer Vorstadt bauten, die erst viel später Tel Aviv getauft wurde. Und dass nach dem Krieg 1948, als die Israelis ihre Unabhängigkeit feierten, die umkämpfte Altstadt zu einem Slum verkam, zum Unterschlupf von Junkies und Prostituierten. Und schließlich: dass unter den hügeligen Parks an der Küste die zerstörten Häuser geflohener und vertriebener Palästinenser begraben liegen.

Altstadt oder Disneyland?

Wer durch den Park Richtung Altstadt läuft, kommt am nachgebauten Tor von **Ramses II.** vorbei, das hier bei einer Ausgrabung gefunden wurde, kann seine Wünsche von der **Wishingbridge** übers Meer schicken, braucht etwas Phantasie, um sich die Felsen hinter der Hafenmole als Schauplatz der **Andromeda-Sage** vorzustellen: Wo heute eine israelische Flagge weht, soll Perseus die Prinzessin vor dem Seeungeheuer gerettet haben.

Die alten Mauern und Gebäude von Jaffa haben die Mythen und Sagen gespeichert, die einst Kanaaiter, Ägypter, Römer, Sarazenen, Osmanen mitbrachten.

Die Reisebusse, die vor der Fußgängerzone am **Kedumim Platz** halten, spucken Pilger und Touristen vor der barocken **Petruskirche** 2 aus. Sie wurde ab 1654 an der Stelle der früheren Kreuzfahrerzitadelle errichtet. Denn auf der anderen Seite des Platzes soll **Simon der Gerber** gelebt haben, und hier hörte der hungrige Petrus eine Stimme, die ihm befahl ›unreine Tiere‹ zu essen – die Befreiung von den jüdischen Reinheitsgeboten gilt als Geburtsstunde des Christentums als Weltreligion.

Erinnerung an die ›Jaffa-Orangen‹: Dieser Baum schwebt in einem Eisenei über der Gasse.

All das sind die Geschichten, die Jaffas Altstadt heute freimütig erzählt. In den Sechzigern beschloss der Bürgermeister, den Rest der Gemäuer doch nicht zu planieren, sondern eine Künstlerkolonie daraus zu machen und Touristen anzulocken. Sandsteintreppchen und gewundene Gassen, über die Jahrtausende von vielen Füßen glattgeschmirgelt, führen nun vorbei an jüdischen Galerien und Ateliers. Nichts erinnert mehr an die düsteren Spelunken der Fünfziger – aber auch nicht an die palästinensische Geschichte der Altstadt.

Kein Wunder, dass sich die arabischen Einwohner beschweren, dass ihnen nicht nur der Wohnraum von wohlhabenden Juden weggentrifiziert wird, sondern auch die Erinnerung. Ja, dass sich die Koexistenz zwischen Jaffas 30 000 Juden und 16 000 muslimischen und christlichen Arabern auf die gemeinsame Vorliebe für das Hummus bei **Abu Hassan** ❶ beschränkt.

Immerhin, am östlichen Ausgang des Gassengewirrs bricht eine Installation die Behaglichkeit. An schweren Ketten ist ein brüchiger Ballen aus Metall in die Mauernische gespannt. Daraus wächst ein Orangenbaum. Künstler Ran Morin beschrieb sein Werk **Oranger Suspendu** 3 1993 als Symbol für die wachsende Entfremdung von Mensch und Natur, aber auch für kulturelle Entwurzelung.

Mit der ›Nakba‹, der Flucht und Vertreibung der Palästinenser, verlor Jaffa vor allem die Mittel- und Oberschicht – und damit auch die arabische Kulturszene mit ihren Theatern und Kinos. Das schicke Alhambra Kino auf dem Jerusalem Boulevard, hinter dessen Art-Déco-Fassade in den späten Dreißigern die gefeierte ägyptische Sängerin Umm Kulthum auftrat, ist heute ein Scientology-Zentrum

Spurensuche rund um den Clocktower

Am Platz unter dem osmanischen **Uhrturm** 4, wo sich heute eine Fressmeile entlangzieht, fand 1948 der Tiefpunkt eines blutigen Guerillakriegs statt. Der Streit zwischen Juden und Araber schaukelte sich hoch, angefeuert durch die Politik der Britischen Mandatsregierung. Die freistehende neoklassizistische Fassade ist das, was vom **Neuen Seray** übrig blieb; Sultan Abduls imposantem Regierungsgebäude, in dem damals Jaffas Stadtverwaltung und eine Armenküche saß. Eigentlich hatte die Autobombe der jüdischen Untergrundkämpfer dem arabischen Widerstand gegolten –

stattdessen kamen vor allem Waisenkinder um. Auf den Anschlag folgte mehrtägiger Beschuss. Als Jaffa sich drei Wochen später ergab, war die Stadt bis auf 4000 Bewohner leergefegt. Die meisten der 70 000 Palästinenser waren geflohen.

Das Gebäude gegenüber, in dem gerade ein Luxushotel eröffnet, wurde 1897 von den Osmanen als **Kishleh,** als Gefängnis, gebaut. Kaum vorstellbar, dass hier 1960 Adolf Eichmann einsaß, der ›Buchhalter von Auschwitz‹ – nachdem er von Mossad-Agenten in Argentinien entführt wurde, damit ihm endlich der Prozess gemacht werden konnte.

In allen Farben und Formen präsentieren sich die Fischerkähne im alten Hafen von Jaffa.

Doch nicht nur Hummus-Koexistenz!

Jaffa ist heute nicht nur Touristenmagnet, sondern auch Stimmungsbarometer. Brenzlig wurde es im Jahr 2000 während der Zweiten Intifada, als die Wut gegen die Besatzung bis in die Yefet Straße brodelte und sich die Araber mit ihren Brüdern in Gaza und im Westjordanland solidarisierten. Im Gegenzug boykottierten Juden arabische Geschäfte. Die Familie hinter der Theke der **Abulafia-Bäckerei** ❷ kann ein Lied davon singen. Seit 1880 sind sie mit ihren Börekas, Sesamkringeln und dem süßen Gebäck eine Institution in Jaffa. Dabei sieht sich Khamis Abulafia als kultureller Mittler und hat zwar am Schabbat offen – zur Freude der säkula-

INFOS/ÖFFNUNGSZEITEN

Petruskirche 2: Mifrats Shlomo 1, T 022 89 80 27, tgl. 8–11.45, 15–17 Uhr
Oranger Suspendu 3: HaTsorfim Street 2
Uhrturm 4: Kikar HaShaon
Jüdisch-Arabisches Theater 5: Mifrats Shlomo 10, T 035 18 55 63, www.jaffatheatre.org.il
Nalaga'at Center 6: Retzif Aliyah Shniya, www.nalagaat.org.il/en/
Altes Seray 7: Mifrats Shlomo 10

KULINARISCHES FÜR ZWISCHENDURCH

Abu Hassan ❶: Ha-Dolfin Street 1, Shivtei Israel St 14, T 009 72 36 82 03 87, So–Fr 8–15 Uhr, Sa geschl.
Abulafia ❷: Yefet Street 7, T 009 72 36 82 85 44, tgl. 8–4 Uhr
Basma Coffee ❸: Louis Pasteur Street 5, T 009 72 36 70 60 50, www.facebook.com/basmacoffee, tgl. 9–23.30 Uhr

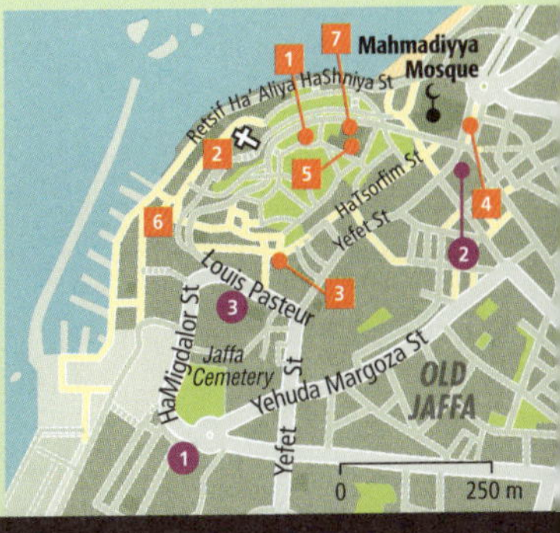

Cityplan: C/D 13

ren Tel Avivis, schließt jedoch den gläubigen Juden zuliebe an Pessach.

Dass Koexistenz, oder noch besser: echte Nachbarschaft, nicht nur über den Magen funktioniert, beweist seit Jahren das **Jüdisch-Arabische Theater** 5. Es sitzt etwas versteckt im **Alten Seray.** Hier produzieren eine jüdische und eine arabische Truppe ihre Stücke, mal auf Hebräisch, mal auf Arabisch. Während der Zweiten Intifada lud das Theater erfolgreich zu (Streit-)Gesprächen zwischen den Anwohnern ein.

Konfliktpotenzial: Im Jüdisch-Arabischen Theater nimmt man kein Blatt vor den Mund.

Vom Einverleiben und Ausspucken – der alte Hafen

Bunt geht es auch am **Fischerhafen** unter der Altstadt zu. Am Wochenende lassen sich Araber, Juden und Touristen über die Promenade treiben. Die Warenhäuser, in denen einst Orangen gelagert wurden, beherbergen heute Restaurants und Galerien für junge Künstler. Die Wände der Hangars sind mit politisch-poetischer Street-Art verziert. Das einzige taubblinde Theaterensemble der Welt hat mit ihrem **Nalaga'at Center** 6 ebenfalls Unterschlupf im Hangar gefunden. Dazu gehört ein Café mit tauben Bedienungen und ein Restaurant mit blinden Kellnern, in dem man im Dunkeln speist.

Es gibt also noch Hoffnung, dass das alte Jaffa nicht ganz und gar von Yuppies und Touristen geschluckt wird. Apropos. Eine Legende hat Jaffa noch auf Lager, die Juden, Moslems und Christen eint: Hier unten am Hafen soll Jona gegen Gottes Willen ein Schiff bestiegen haben und zur Strafe von einem Wal verschlungen worden sein. Und nach ein paar Tagen wurde er unbeschadet an Land gespuckt.

Das **Alte Seray** 7 ist weder zu überhören noch zu überriechen. Nicht, weil sich in dem Gebäude einst eine Seifenfabrik befand. (Jaffa war einst so berühmt für seine Seifen wie für die Orangen.) Sondern weil sich in dem osmanischen Palast eine Fledermauskolonie niedergelassen hat. Hinter dem vergitterten Tor flattern sie um ein Geisterboot herum.

UM DIE ECKE

Das Café **Basma** 3 ist eingerichtet, wie man sich ein Kaffeehaus im geschäftigen Jaffa um anno 1914 vorstellt. Mit poliertem Holz, Kupferkännchen und Spitzendecken. Der türkische Kaffee wird traditionell im heißen Sand zubereitet. Zwar wurde das Café erst 2014 eröffnet, die arabische Betreiberfamilie aber lebt seit Generationen im Viertel. Besonders der Vater erzählt gern Geschichten aus dem alten Jaffa.
Tipp: Mittwochmorgens um 10 Uhr startet am Uhrturm eine Gratistour durch Old Jaffa.

Aus alt mach hip – **Shuk Pishpeshim (Flohmarkt) und Ajami**

#2

In den Gassen hinter dem Uhrturm wird seit über 100 Jahren gefeilscht und verkauft, was in die älteste Hafenstadt des Nahen Ostens schwemmt. Neu sind die hippen Cafés und Boutiquen. Eine fruchtbare Symbiose: Die alten Händler profitieren von der jungen Szene, die Hipster wiederum lieben die Vintage-Möbel – und wagen sich immer weiter hinein in die einst ärmste Nachbarschaft Tel Avivs.

Noch lange nach dem Unabhängigkeitskrieg hatten die Tel Avivis kein Interesse an Jaffa. Während der einstige Vorort zu einer modernen Stadt heranwuchs, verfielen die Villen im Süden mit ihren bunten Fliesen, den geschnitzten Türstöcken und

Saftladen! Sonst wird hier im Viertel vor allem getrödelt.

exotischen Gärten. Jaffa galt als schmutzig, rückständig – und arabisch. Und doch mussten die dort wohnenden Palästinenser bald eng zusammenrücken: Wellen von armen jüdischen Neueinwanderern fluteten den ›Hinterhof‹ der Weißen Stadt. Arbeiterfamilien teilten sich enge Wohnungen in den einst luxuriösen Herrenhäusern. Die Straßen um den Uhrturm herum waren bald als ›Little Sofia‹ bekannt, wegen der vielen Bulgaren, die hier neben marokkanischen Juden wohnten.

Suche nach innerer Ruhe und hohen Decken

Erst lange nachdem die ersten jüdischen Künstler in die Altstadt gezogen waren, entdeckten linksliberale Akademiker aus dem Norden die Lebensqualität des höher gelegenen Jaffas, den Seeblick und die gute Luft. Dabei galt vor allem Ajami als Drogenumschlagplatz und Mafia-Revier.

Während die einen nach innerer Ruhe und hohen Decken suchten, andere nach Multikulturalität und historischem Charme, nutzten Immobilienhaie die bürgerliche Vorhut, um mit Luxusappartements reiche Juden aus dem Ausland zu locken. Damit begann ein zweiter Kampf um Jaffa, diesmal nicht mit Waffen, sondern mit dem Kontostand.

Die Unruhen während der Zweiten Intifada dämpften den Bau-Hype zwar etwas. Nicht abschrecken ließen sich jedoch junge Kreative, die den Trödelmarkt für sich entdeckten. Das **Café Puah** 1 war der Vorreiter. Das Interieur stammt vom Flohmarkt und wird ständig aufgemöbelt, weil man erstehen kann, worauf man sitzt und wovon man isst. Die **Shaffa Bar** 1 dient Locals wie Reisenden als Wohnzimmer mit Rundum-Versorgung vom Frühstück über den Friseursalon bis zum abendlichen Arak. Noch wirken die Straßen mit den gewagt aufgetürmten Antiquitäten und

F
FREIHEIT

In einem gemütlichen Kellergewölbe versteckt sich die **Anna Loulou Bar** 2. Sie ist das kleine Mirakel von Jaffa. Wer durch die Tür tritt, streift Stempel wie Nationalität, Religion und Sexualität ab und wird Teil einer inklusiven Gemeinschaft, die zu arabischen DJs oder jüdischen Singer-Songwritern tanzt, zu Ethno wie Electro. Gegründet von einem jüdischen Paar und einem palästinensischen DJ und ohne große politische Absichten wurde das Anna Loulou zum Treffpunkt von israelischen Aktivisten, jungen arabischen Touristen und der palästinensischen LGBT-Szene. Offene Locken, Tattoos, Hipster-Bärte – wer hier Jude ist, wer Moslem oder Christ, ist kaum auszumachen.

Im Café Puah kann erstanden werden, worauf man sitzt und wovon man isst.

Plunder-Füllseln zwar wie ein putziger Flickenteppich. Aber die Mieten ziehen heftig an.

Der allererste Hipster-Spot Jaffas jedoch hält sich wacker am Uhrturm: Immer noch tönen an heißen Tagen wehmütige Lieder mit arabischen oder hebräischen Texten aus dem **Plattenladen** 1 der **Azoulay**-Familie. In den Fünfzigern waren die aus Marokko stammenden Brüder die ersten Israelis, die Misrachi-Musik produzierten. Von den Aschkenasim aus Europa, die politisch wie kulturell den Ton angaben, als primitive Bauchtanzmusik abgetan. Ist es Ironie oder neues Selbstbe-

▶ FILMTIPP

Film »Ajami« (2009), kraftvolles Drama über Schuld, Rache, Gewalt und Liebe in Ajami

INFOS/ÖFFNUNGSZEITEN

Apotheke 1: Yefet Street 65
Grünes Haus 2: Shivtei Israel Street 80
Yafo Creative 3: Ein bisschen Geheimhaltung muss sein! Auf Airbnb selber finden, www.yafocreative.com
Versteckter Friedhof Tabitha-Schule 4: Yefet Street 21

VOM CAFÉ IN DEN LADEN AN DIE THEKE

Café Puah 1: Rabbi Yochanan, So–Mi 9–0.30, Do/Fr 9–1, Sa 10–0.30 Uhr
Plattenladen Azoulay 1: Raziel Street 29, So–Do 10–17 Uhr
Yafa Café 2: Yehuda Margoza Street 33, www.yafabook.co.il/?, So–Fr 8–18, Sa 10–23 Uhr
Shaffa Bar 1: Nakhman Street 2, tgl. 9–2 Uhr
Anna Loulou Bar 2: HaPninim, www.annaloulou.com, Mo–Sa 21–3 Uhr

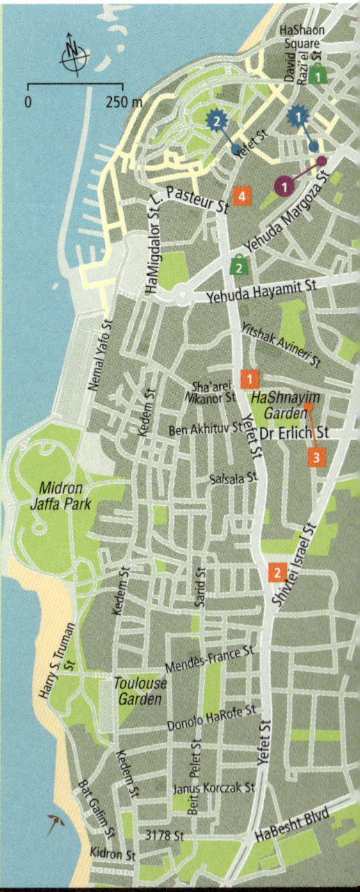

Cityplan: C/D 13–15

wusstsein, das heute die dritte Generation der Einwanderer den Sound aus dem Orient – elektronisch aufgemixt – in die Clubs bringt?

Mit dem Bau des Uhrturms ließ Sultan Abdul Hamid einst moderne Zeiten einläuten.

Von Treibgut und Grenzgängern

Naturgemäß drückt die Szene weiter Richtung Süden. Im **Yafa Café** 2 verkehrt jedoch nicht (nur) hippe Kundschaft. Das Buch-Café von Michel Elraheb ist der einzige Ort rund um Tel Aviv, wo man Literatur in arabischer Sprache findet: vom »Kleinen Prinzen« zum National-Dichter Mahmoud Darwish. »Wenn die Leute Bücher in die Hand nähmen, gäbe es all die Probleme nicht!«, sagte sich Elraheb, während die Zweite Intifada das Land erneut brutal entzweite. Dazu lockt er mit gutem Espresso, dem palästinensischen Nationalgericht Makloubeh und Arabisch-Kursen.

Immer noch teilt Jaffa eine spürbare Grenze. Wer die Yefet Street hochwandert, hört irgendwann mehr Arabisch, kommt vorbei an Autowerkstätten und Gemüseläden, in denen die Preise um einiges günstiger sind als im Norden. Ein Geschäft, das tatsächlich noch aussieht wie vor 1948, ist die **Apotheke** 1 der Familie Geday, die acht Generationen in Jaffa zurück zählen kann. An den alten Glanz Jaffas erinnert das palastartige **Grüne Haus** 2. Es wurde 1934 für Scheich Ali erbaut, einem Plantagenbesitzer und Tuchhändler.

Etwas Gutes hat der Häuserkampf mit den Immobilienhaien: Er stärkt den Gemeinschaftssinn der benachteiligten Bewohner. Denn dazu gehören auch die altansässigen Juden aus dem Orient. Bei den Protesten 2011 demonstrierten sie Seite an Seite mit ihren arabischen Nachbarn.

V
VERSTECKT

Verwunschen: Wer anklopft und nett fragt bei der schottisch-christlichen **Tabitha-Schule** 4 (seit 1863!), der bekommt den Schlüssel zum Hinterhof und findet sich zwischen gesprungenen Grabsteinen mit geheimnisvollen Inschriften wieder: Neben Dr. Thomas Hodgkin, nach dem die Krankheit benannt ist, liegen hier ein britischer Offizier und ein paar Mitglieder einer amerikanischen Freikirche, die an der Ruhr gestorben sind. (Mehr dazu im nächsten Kapitel.)

UM DIE ECKE

So offen und easy sich die meisten Tel Avivis geben, als Tourist ist man halt doch meist außen vor. Nicht jedoch, wenn man ein Zimmer in der toll restaurierten Wohnetage von **Yafo Creative** 3 ergattert. Freitagabends schmeißt die Künstler-Kooperative zusammen, dann werden Freunde eingeladen und man speist mit den Hausgästen an der langen Tafel im Aufenthaltsraum, der gleichzeitig eine Galerie ist. Zum Wein setzt sich einer ans Klavier, eine Gastgeberin singt, der nächste spielt Gitarre und schon ist man mitten drin in der kreativen Szene Jaffas.

Von Zügen und Zugvögeln – **Noga und Kolonie**

3

Wer am Rondell vor Jaffas Uhrturm über enge Gleise im Bürgersteig stolpert, sollte ihnen folgen: Auf der anderen Seite des Jerusalem Boulevards versteckt der ›raue‹ Süden charmante Plätzchen – und einen Blick in Palästinas deutsche Vergangenheit.

Auf den Gleisen in der **Raziel Street** 1 wurden zu Jaffas Glanzzeiten die Orangen von der Zugstation zum Hafen gekarrt. Man muss sich die bröckelnden Fassaden schon genau ansehen, um zu ahnen, dass das einmal eine der rührigsten Straßen der Stadt gewesen ist. 1921, als ein arabischer Mob hier Geschäfte zerstörte, galt sie als ›jüdische Straße‹. Die Plakette an der Front von Nr. 15 jedoch verweist auf einen gewissen »Chevalier A. Howard«. So nannte sich der Libanese Iskander Awad, um mit Westlern Geschäfte zu machen.

Gut angezogene Leute und ein Hauch Italien in der Café-Bar Casino San Remo

Unter anderem organisierte er mit Thomas Cook die ersten, recht abenteuerlichen, Palästina-Reisen.

Wenig exotisch gibt sich heute das Mini-Viertel Noga auf der anderen Seite des Jerusalem Boulevards. Was nun Henne war und was Ei? Fest steht, dass rund um die Café-Bar **Casino San Remo** ❶ das Licht irgendwie weicher ist und sich selbst das Autohupen eher nach Italien anhört als nach Nahost. Noch dazu soll die Pizza im **Gemma** ❷ dahinter die beste Tel Avivs sein. Und im **Cafelix** ❸ röstet ein deutsch-israelisches Paar Israels besten Kaffee. Drumherum haben sich Manufakturen und Galerien eingenistet. Wem Jaffa zu touristisch ist, der findet hier einen mediterranen Ableger vom Prä-Prenzlauer Berg.

Durch Raum und Zeit

Derart eingestimmt, geht es auf der Zeitleiste wieder um 150 Jahre zurück, und zwar diesmal in die deutsche Vergangenheit. Denn hinter Noga liegt die **Deutsche Kolonie** 3. Naja. Erstmal war sie amerikanisch: Mit Bausätzen für Holzhäuschen waren 43 evangelikale Christen-Familien aus Maine 1866 nach Jaffa gesegelt. Ihre Mission: alles für die Rückkehr der Juden ins Heilige Land vorzubereiten – und dadurch selbst Erlösung finden.

Ihr Anführer George Adams, in der Heimat ein arbeitsloser Schauspieler, mimte nur den tatkräftigen Priester; bald hatte er das Startkapital der Sekte versoffen. Die Ernte misslang, die Ruhr raffte viele Kinder dahin. Mark Twain, der 1869 kurz vorbeischaute, bezeichnete das Unternehmen als »komplettes Fiasko«.

Umso erfolgreicher waren die deutschen Templer, ebenfalls Freikirchler, die den demoralisierten Amerikanern die Häuser abkauften. Sie bauten gleich noch zwei andere Quartiere namens ›Sarona‹ und ›Walhalla‹. Immer noch wird den Deutschen zugeschrieben, einiges zum technologischen Fortschritt Palästinas beigetragen zu haben. Doch die Politik in der Heimat ließ sie nicht unbeeindruckt. In den Dreißigern wehte auch über der Kolonie die Hakenkreuzfahne. Die Britische Mandatsregierung schob die Deutschen nach Australien ab.

Später sammelte sich eine Gruppe messianischer Juden um die 1904 errichtete **Immanuelkirche** 4.

B *BRÜCKENBAU*

Auf interkulturelle Kommunikation versteht sich auch die Truppe, die im **Gesher-Theater** 2 aufspielt. Als russische Immigranten mussten sich die Gründer 1991 nicht nur mit hebräischen Texten in kyrillischer Schrift herumschlagen: Einen guten Teil ihrer ersten Produktion übten sie mit Gasmasken im Luftschutzkeller, weil regelmäßig Sirenen vor Raketen aus dem Irak warnten. ›Gesher‹ bedeutet Brücke, und bis heute spielt die Truppe sowohl auf Hebräisch als auch auf Russisch.

Das deucht uns deutsch: Giebel statt Flachdach. Im Vordergrund ein typisch amerikanisches Windrad mit einer Fahne zur Windrichtungsnachführung.

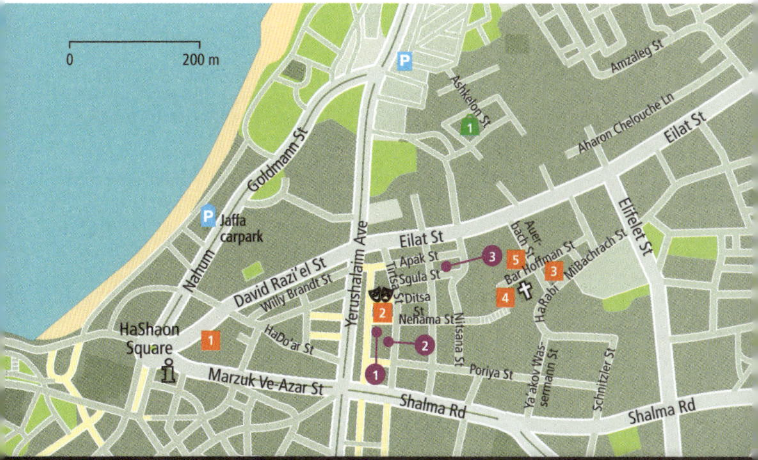

Cityplan: D/E 12/13

INFOS/ÖFFNUNGSZEITEN

Gesher Theater 2: Jerusalem Boulevard, www.gesher-theatre.co.il/en/
Deutsche Kolonie 3
Immanuelkirche 4: Bar Hofmanns Street 15, www.immanuelchurch-jaffa.com, Di–Fr 10–14 Uhr
Beit Immanuel 5: Auerbach Street 8, www.beitimmanuel.org

HALTESTELLE ESSEN

Casino San Remo 1: Nehama Street 2, www.casinosanremo.co.il, tgl. 8–2 Uhr
Gemma 2: Tirza Street 14, www.gemma.rest.co.il, tgl. 12–0 Uhr
Cafelix 3: Sgula Street 15, T 009 72 35 46 98 90, So–Do 7–19.30, Fr 7–15 Uhr, Sa geschl.
HaTachana 1: www.hatachana.co.il

Auch das **Beit Immanuel** 5 gegenüber hat eine ziemlich turbulente Geschichte hinter sich: Vom Hauptsitz der Templer zum Hotel, das der Großvater von Schauspieler Peter Ustinov betrieb – und in dem Kaiser Wilhelm II 1889 abstieg, weil es als für Europäer einzig erträgliches Hotel gelistet wurde – bis zu einem Hostel, das heute von der »Church's Ministry among Jewish People« betrieben wird. Die Organisation gilt als umstritten, wegen ihres Eifers, Juden bekehren zu wollen.

UM DIE ECKE

Die alte Zugstation **HaTachana** 1 nach Jerusalem liegt nördlich der Eilat Street. Wer auf keimfreies Shoppingerlebnis steht, findet rund um den aufwendig restaurierten Bahnhof eine Vergnügungsstätte mit Restaurants.

1977 wurde St.Immanuel renoviert und bekam Fenster aus Norwegen.

4

Street-Art und die Gewürze des Orients – **das bunte Florentin**

Was passiert, wenn man Handwerker und Händler, die ihren Beruf seit Generationen ausüben, mit Studenten, Künstlern und anderen Freigeistern auf möglichst engen Raum ohne Grünflächen einpfercht – und einfach mal abwartet?

Die Antwort ist: Dann wird gelebt. Und zwar so richtig. Graffiti schichten sich über die Werkstätten, die sich an den Rand des Viertels drängen. Hier wird nachts so fleißig gesprayt wie schon frühmorgens gehämmert, gepolstert und geschweißt. Selbst die winzige Synagoge bekommt immer mal wieder einen Farbguss ab. Unter tropfenden Klimaanlagen, in einem Geflecht aus Dreadlocks und Hundeleinen spaziert eine

In Florentin sind tagsüber die Hunde los, nachts streifen dann die Katzen umher.

junge Frau mit Yogamatte an einem alten Mann mit Kippa auf dem Kopf vorbei, der auf seinem Klapptisch abwechselnd einen Föhn repariert und in der Thora liest. In den Läden laufen Espresso- und Tätowier-Maschinen an. Und auf dem **Levinsky Market** 1 schaufeln Gewürzhändler mit stattlichen Schnauzern Kurkuma, Zimt oder Mandeln auf die Waage, während sich Hipster mit ebenso beeindruckenden Bärten auf ihre Single-Speed-Räder schwingen, vermutlich auf dem Weg zu einem ganz wichtigen Kaffeetrinken im **Tony ve Esther** 1 oder im **Casbah** 2.

Mitten in dieser staubflirrenden Betriebsamkeit steht Beni Briga in seiner Hexenküche. Der ehemalige Koch mit einem Spleen fürs Fermentieren erzählt seinem ersten Kunden, dass er das lila Bohnenkraut heute früh im Gemeinschaftsgärtchen um die Ecke geerntet hat. Im **Café Levinsky** 3 wird nicht nur Kaffee gebrüht, sondern auch »Gazoz« gesprudelt (siehe rechts).

Von Thessaloniki zu Brooklyn

Florentin wurde in den Zwanzigern von Schlomo Florentin gegründet, der das Viertel seinem Großvater zu Ehren benannte: David Florentin war der Anführer der Griechischen Zionisten. Auf die Händler und Handwerker aus Thessaloniki folgten in den Fünfzigern Juden aus dem Irak, die ebenfalls ihre Speisen und Gewürze mitbrachten. Später zogen viele in neuere Nachbarschaften um, ihre Wohnungen wurden als Lagerraum genutzt. Erst in den Neunzigern entdeckten Einwanderer aus der ehemaligen Sowjetunion sowie Studenten und Künstler die (damals noch) günstigen Mieten.

Der türkischstämmige **Yom Tov** rollt seine Weinblätter im gleichnamigen **Deli** 4 schon seit 1947. Yom Tov heißt ›Guten Tag‹ und sein Name wurde samt dem Rezept für mit Käse gefüllte Hibiskusblüten an den Enkel vererbt. Bei **HaChalvan** 1 gibt es seit 1958 süßes Chalva und irakischen Salzkäse, und die Familie **Chavshush** 2 führt längst nicht mehr nur die Gewürze, mit der sie 1931 aus dem Jemen kam.

Street-Art und Streuner

Während die Handwerker-Baracken an der Abarbanel Street eher Übungsgelände sind, findet man die Stücke arrivierterer Künstler an den

G
GAZOZ

Die Soda-Drinks sind ein Relikt aus dem Tel Aviv der Fünfziger, aber Beni Briga vom **Café Levinsky** hat eine Kunst daraus gemacht: In den Gläsern schwimmen Blüten von Basilikum, Eukalyptus und winzige Feigen. »Wie ein Gemälde«, staunt ein Passant. Platz zum Sitzen hat er nicht, deswegen parkt auf der Straße ein winziger Pick-Up-Truck, von dessen Ladefläche Beine baumeln – während die Autoschlange vorbei zuckelt.

▶ INFOS & LESESTOFF

Kleines Lexikon der Street-Art in Tel Aviv: www.telavivstreetart.com

Hauswänden rund um die **Florentin Straße.** Zu den bekanntesten gehören **Dede,** dessen Markenzeichen, ellenlange Pflasterstreifen, wunde Fassaden in ganz Tel Aviv verarzten. Auch die winzigen Kastenmännchen von Architekt **Sened**

INFOS/ÖFFNUNGSZEITEN

Levinsky Market 1
Tiny Tiny 2: Florentin Street 18, www.facebook.com/Tiny-Tiny-Gallery-592787160787036/
Gan HaHashmal 3
Chanut Thater 4: HaAliyah 31, www.hanut31.co.il
Tony ve Esther 1: Levinsky Street 39, T 009 72 35 28 18 43, tgl. 8–0 Uhr
Casbah 2: Florentin Street 3, T 009 72 35 18 21 44, tgl. 8–2 Uhr
Café Levinsky 3: Levinsky Street 41, T 009 725 34 44 45 57, So–Do 6.30–20, Fr 6.30–17 Uhr, Sa geschl.
Yom Tov Deli 4: Levinsky Street 43, T 009 72 36 81 37 30, So–Do 10.30–19, Fr 6–15 Uhr, Sa geschl.
HaChalvan 1: 48 Levinsky Street, 036 82 80 20, So–Fr 8–18 Uhr
Chavshush 2: HaChalutzim 18, So–Fr 8–18 Uhr
Maya Bash 3: Barzilay Street 5, www.mayabash.com, Di/Mi 10.30–18.30, Do 13–20, Fr 9.30–15 Uhr
Kisim 4: HaHashmal Street 8, www.kisim.com, So–Do 10–19, Fr 10–15 Uhr, Sa geschl.
Kuli Alma 1: Mikveh Israel Street 10, www.kulialma.com, tgl. 21–5 Uhr
Levontin 7 2: Levontin Street 7, www.levontin7.com, tgl. 20 Uhr–open end
Studio Naim 1: Salameh Street 46, www.naim.org.il/en/

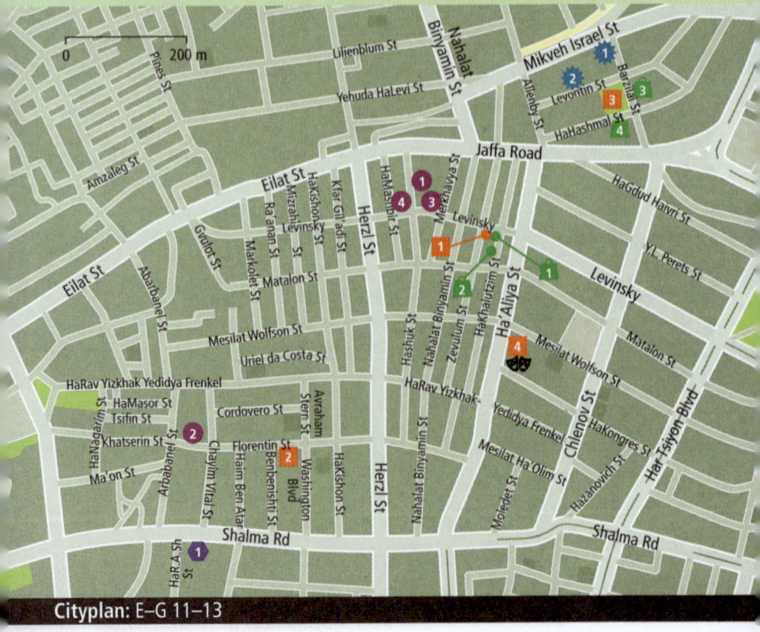

Cityplan: E–G 11–13

sieht man kreuz und quer über Wände purzeln, immer mit einer ironischen Botschaft im Gepäck. **Nitzan Mintz** begann ihre Verse, mal poetisch, mal politisch, während ihrer Armeezeit zu dichten, heute lassen sie Passanten im Alltag inne halten. Und irgendwie schließt sich damit ein Kreis: Sie ist die Ur-Enkelin von Tel Avivs Mitgründer **Shimon Rokach** (▶ S. 44).

Weil die Stadtverwaltung in Florentin die Augen besonders fest zukneift, hat sich das Viertel zum Mekka der Sprayer entwickelt. Genervt sind die Anwohner nur von den knipsenden Touristengruppen, die durchs Viertel geführt werden wie durch einen Zoo. Immerhin gibt es inzwischen sogar Street-Art-Galerien, die portable Werke verkaufen. So genau nehmen es die Florentiner eben selbst mit dem Anti-Establishment nicht. Die Vorreiterin, das **Tiny Tiny** 2, ist aber auch zu charmant: In ihr winziges Schaufenster packt Murielle Cohen jeden Monat die Werke eines anderen Künstlers.

Street-Art, wie hier Kubismus à la Dede, gehört zum Straßenbild.

Elektrischer Garten, eklektische Häuser

Während Florentin mehr Hippie denn Hipster ist, hat sich am Ostzipfel ein echtes Szene-Viertel etabliert, bekannt als **Gan HaHashmal** (Elektro-Garten) 3, nach dem ersten Kraftwerk der Stadt. Der kleine Park mittendrin war lange als Schwulenstrich verrufen, heute haben sich hier lokale Jung-Designer angesiedelt. **Maya Bash** 3 präsentiert in einer ehemaligen Autowerkstätte Minimalistisches wie ihre gehypten »Plie Pants«. **Kisim** 4 steht im Label der zarten Ledertaschen von Yael Rosen. Für die Garten-Bar-Club-Lounge im knallbunten **Kuli Alma** 1, gegründet von einer Tel Aviver DJ- und Musiker-Kooperative, oder in der alternativen Konzertkneipe **Levontin 7** 2 sind die Klamotten aus dem Elektro-Garten allerdings fast schon ein bisschen overdressed.

UM DIE ECKE

In Tel Aviv gibt es nur zwei Haltungen zum Thema Sport: völlige Ablehnung – oder völlige Hingabe. Wer hip und beweglich zugleich sein will, macht AcroYoga im Park, auf dem SUP im Meer oder trifft sich im **Studio Naim** 1 zu Pilates, Yoga oder Tanz. Für Touristen gibt es Kurzzeit-Angebote.

T THEATER

In der ansonsten etwas tristen Aliyah Street sticht ein Schaufenster heraus: In der Nummer 31 gibt es immer wieder etwas Neues zu zu entdecken, mal alternative Kunst, Performances, Live-Musik, Video Art. Oder Objekt-Theater. **Chanut Theater** 4, also ›Geschäft‹, nennt sich das winzige Unternehmen. Zum Anlocken stehen manchmal sogar Stühle auf dem Gehweg. Und es gibt eine kleine Darbietung für lau in der Vitrine, bevor die eigentliche Vorstellung beginnt.

5

Der weiße Elefant und die (ungewollten) Einwanderer – **Neve Sha’anan**

Ein Amboss aus Sichtbeton markiert das Viertel Neve Sha’anan. In den Sechzigern als größter Busbahnhof der Welt in die Straßen gepflanzt, haben sich in seinem Schatten erst Prostitution und Drogenhandel ausgebreitet, später Gastarbeiter aus Asien und Geflüchtete aus Afrika niedergelassen. Viele Israelis meiden das Viertel, weil es ihnen ungeheuer ist. Das ist schade! Wo die Stadt am grausten aussieht, ist sie insgeheim am buntesten …

›Weißer Elefant‹ nennen die Städter ihren Zentralen Busbahnhof – und das ist keineswegs liebevoll gemeint: Die Bauzeit des siebenstöckigen Ungetüms zog sich über drei Jahrzehnte hin. Heute wirft es seinen Schatten auf eine Nachbarschaft, die ohne-

Urban Art hoch über dem Stadtverkehr: Im Siebten Stock wird es hell – und bunt.

hin wenig Sonne abbekommt. Wer seinen Weg zu einem der Busse nach Eilat oder Jerusalem sucht und stattdessen im Bauch des Elefanten herumirrt, der versteht, wieso die Tel Avivis den Bahnhof als Israels größte Bausünde verfluchen.

Der **Busbahnhof** 1 war ursprünglich als megalomanisches **Einkaufsparadies** mit 1500 Läden geplant. Verlieren sollten sich die Besucher, flanieren, Kaffee trinken, Geld ausgeben. Aufzüge und Treppen sind versteckt, die Rolltreppen wurden nachträglich eingebaut – und die wenigsten funktionieren. Wer genau hinsieht, entdeckt Straßenlaternen, Sitzbänke, sogar Briefkästen. Aber seit der Eröffnung gingen viele Geschäfte pleite. Mittlerweile steht die Hälfte leer, die Mieten wurden immer günstiger. Und wer auf der Sonnenseite Tel Avivs keinen Platz findet, sucht sich hier eine Nische.

Im Inneren des Gebäudes herrscht ein Mikroklima aus Neonlicht, angereichert mit dem Duft frisch gebackener Börekas – und einer Note Raubtierhaus. Doch dazu später. Erst einmal gilt es, sich durch den Dschungel der Marktstraßen zu schlagen. Niedrige Decken zwingen den Blick auf Haarteile, billiges Spielzeug – und Unterwäsche, die nur im Rotlicht gut aussieht.

Next Station: Manila

Endlich öffnet sich der Gang in die **Eingangshalle,** doch auch hier ist kein Horizont in Sicht: Rotunden, Rampen und Galerien zwirbeln durch den Raum. Ein Strudel aus Schrägen, Winkeln und Walzen hängt über den Köpfen. Architekt Ram Karmi war ein Anhänger des Brutalismus, und der heißt nicht grundlos so. Die Schilder verwirren, denn das Erdgeschoss ist als vierter Stock ausgewiesen. Dass die unteren Etagen einmal in Betrieb waren, daran erinnert sich heute kaum noch jemand.

Heute hat die **philippinische Community** das **Erdgeschoss** erobert: Thai-Auberginen, Pak Choi und Kochbananen liegen vor dem Supermarkt aus. Das Angebot der Geschäfte drumherum ist auf die Bedürfnisse der Einwanderer zugeschnitten: Pfandleihe, Kosmetikstudio, Dim Sum To Go bietet ein Laden, und viel Klebeband, um Pakete nach Hause zu schicken.

»Gerade im Chaos kann Leben entstehen, wie eine Blume, die durch den Beton bricht«, sagt

Das Onya Kollektiv zaubert Leben auf Tel Avivs Schattenseite.

Ursprünglich waren die Straßen von Neve Sha'nan in Form einer Menora angelegt worden, eines Jüdischen Leuchters. Das war 1921, als 400 Juden aus Jaffa sich hier ansiedelten, aus Angst vor weiteren arabischen Progromen. Architekt Ram Karmi setzte mit dem Bahnhof später nicht nur einen ›Elefanten‹ in die Nachbarschaft, sondern – aus der Luft gesehen – einen ›Revolver‹ mitten in die Menora. Ob ihm das bewusst war?

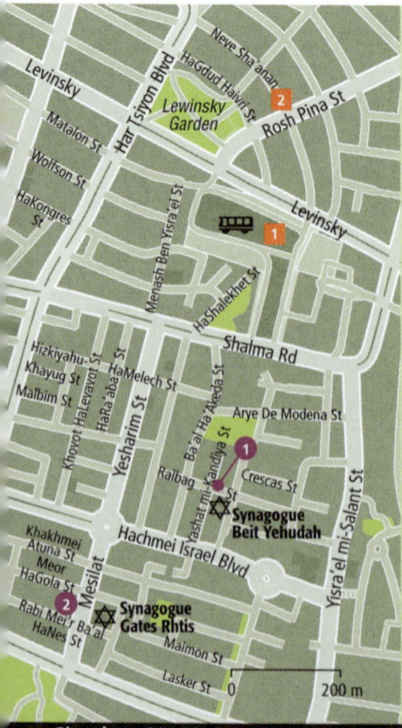

INFOS/ÖFFNUNGSZEITEN

Busbahnhof 1: Levinsky Street 108, So–Do 5–23.30, Fr 5–16, Sa 14–23.30 Uhr
– **Yung Yiddish:** Fünfter Stock, an der STD-Klinik vorbei, hinten rechts halten
– **Street Art Gallery:** Siebter Stock, wo die Dan-Busse starten
– **Onya Kollektiv:** www.onyacity.com
Neve Sha'anan Street 2

KULINARISCHES FÜR ZWISCHENDURCH

Cafe Shapira 1: Ralbag Street 15, www.facebook.com/firstcafeshapira, So–Do 8–0, Fr 8–16 Uhr
Hanan Margilan 2: Mesilat Yesharim Street 15, T 009 72 36 87 39 84, So–Do 11–22 Uhr

Cityplan: G/H 12–14

Im Yung Yiddish wird die Sprache der Diaspora gefeiert – und auf die Bühne geholt.

Mendy Cahan. Man braucht ein bisschen Mut, um ihn zu finden. Der **fünfte Stock,** also eigentlich der zweite, liegt beinahe verwaist. Vorbei an Schaufenstern, die Zelle für Zelle nur noch rausgerissene Kabel zeigen, an umgeworfenen Stühlen und Schutt – lauter zerplatzte Träume.

Cahans Schaufenster ist zugepflastert mit Konzertplakaten und Flyern. Dahinter öffnet sich ein Raum mit hoher Decke, Perserteppichen, einer Bühne – und sehr vielen Regalen. Darin wackeln 40 000 Bücher im Rhythmus des Busfahrplans. Weltliteratur, Groschenromane, biologische Studien. In der Sprache eines Volks, das immer auf der Flucht war. **›Yung Yiddish‹** nennt Cahan seine Bibilothek. »Das Jiddische hat unsere Identität Hunderte von Jahren durch die Welt getragen. Wo passt dieser Fundus besser hin als hier? An diesen Ort der Durchreise?« Auf der Bühne finden Konzerte statt: von Hip-Hop zu Klassik oder Klezmer mit vergessenen jiddischen Texten.

Der sechste Stock ist nun beinahe langweilig. Aber hinter einer Synagoge aus Gipskarton führt eine geschwungene Rampe in den siebten Stock. Es wird hell: Das Dachgeschoss wurde nachträglich auf den Bau gesetzt, für ein weiteres Busterminal. In der Wartehalle toben sich Künstler in einer **Street Art Gallery** aus. Legal! Vom Parkdeck aus hat man einen Rundumblick auf die Stadt. Die Flanken eines ausrangierten Busses sind mit Graffiti besprayt, auf dem Dach trägt er ein Häubchen aus Topfpflanzen.

Blumen im Beton

Diese ›Beton‹-Blumen sind dem **Onya Kollektiv** (www.onyacity.com) zuzuschreiben. Sein Basislager hat der Verein in einer Eingangsrampe in der **Neve Sha'anan Street.** Aus dem Untergrund der verrufensten Fußgängerzone Tel Avivs wuchert es freundlich an die Oberfläche. Von Salbei zum Granatapfelbäumchen. Onyas Mission: positive Orte in der Stadt schaffen, wo sich Menschen und Natur treffen. Noch vor ein paar Jahren war der ungenutzte Eingang eine Müllkippe. Heute baut sich hier eine Gruppe von Sudanesen eine Radiostation auf, und eine nepalesische Gemeinde hält Gottesdienste ab.

Ansonsten ist die **Neve Sha'anan Street** 2 bekannt als Umschlagplatz für gestohlene Fahrräder – und authentisches Essen aus der Wohnzimmer-Küche. Wer auf Nummer Sicher gehen will, fragt nach **Sima.** Die Nepalesin ist mit dem Israeli Chaim verheiratet. Und während sie am Herd werkelt, erzählt Chaim zwischen Bildern von Yaks und bunten Altaren von der Heimat seiner Frau. Mit viel Phantasie – er kennt Nepal nur von Youtube. Sima bringt Momos, Dal und ihre berühmte scharfe Soße. Vor dem Fenster kräht ein Hahn. Auch das ist Tel Aviv.

UM DIE ECKE

Tel Aviv ist ein Schaulabor der Stadtentwicklung: Gerade wird das benachbarte Shapira entdeckt und in die Sonne gezerrt. Im **Café Shapira** 1, auch bekannt als ›erstes Café in Shapira‹, ist man schon angekommen. Hier werden nachbarschaftlich nicht nur leckere Sandwiches, sondern auch Haarschnitte und Yoga-Kenntnisse verteilt. Hoffentlich bleiben dem Viertel so authentische Restaurants wie das **Hanan Margilan** 2 mit seinen usbekischen Suppen und Reisgerichten erhalten.

A ABSTIEG

Junge Kreative entdeckten den Bahnhof als Abenteuerspielplatz und haben sich sogar in die verschlossenen Untergeschosse vorgewagt. Wer auf einer **alternativen Stadtführung** hinabsteigt, entdeckt im Licht der Taschenlampe Überbleibsel einer mondänen Wartehalle mit sechs plüschigen Kinosälen und den sichersten Ort Tel Avivs: einen Atomschutzbunker für 15 000 Menschen. Dabei erklärt sich auch der strenge Geruch: In einem der Bustunnel haben sich Tausende von Fledermäusen niedergelassen. Die Stadt hat ihn zum **Naturschutzreservat** erklärt. Touren bietet CTLV an. Kosten pro Person: 85 NIS, www.ctlv.org.il/ctlv-tours-english.

#6

Boulevard der Lässigkeit – **die Sderot Rothschild**

Der schönste Boulevard Tel Avivs ist nicht nur Flaniermeile, sondern bildet das Rückgrat der Stadt. Auf eineinhalb Kilometern, flankiert von Palisander, Birkenfeigen und Flammenbäumen, dient er als Refugium sowie als analoge Schnittstelle der ansässigen High-Tech-Start-ups. Und als die Städter 2011 gegen die horrenden Mieten demonstrierten, verwandelten sie ihren Prachtboulevard kurzerhand in eine Zeltstadt.

Immerhin hat hier 1909 – auf Höhe der **Herzl Street** – alles begonnen: Der Rothschild Boulevard ist eine der ersten Straßen von Tel Aviv. Nachdem das kleine Wadi trockengelegt war, das sich zum Meer hinunterzog, wurden die ersten Häuser der Achussat Bait gebaut. So nannte sich der Zusammenschluss von 66 Familien, die im Sand Grundstücke unter sich ausgelost hatten, um den Traum einer jüdischen Stadt in die Tat umzusetzen. Von einer Prachtstraße konnte damals keine Rede sein, ziemlich nackig sieht der Boulevard auf alten Fotos aus. Das änderte sich erst, als sich **Winston Churchill** ankündigte. Hastig raffte man Bäume zusammen, um sie in die Mitte der Hauptstraße zu pflanzen.

Unter einem (Blätter-) Dach: Lieblingsnaherholungsgebiet der Städter

Boulevard City

Damit griff man der Idee des schottischen Stadtplaners **Patrick Geddes** vor, der Tel Aviv nur ein paar Jahre später in eine **›Gartenstadt‹** verwandeln wollte: Nach dem Geddes-Plan verlaufen die Hauptverkehrsachsen parallel zum Meer, die Wohnstraßen von Westen nach Osten. Die vom Meer herziehenden Westwinde sollten das Klima erträglicher machen. Die Wohnblöcke sind jeweils um einen gemeinsam genutzten Mini-Park arrangiert. Jedes Gebäude sollte für sich stehen und über einen kleinen Vorplatz mit Garten verfügen. Reihenhäuser waren verboten, Flachdächer und einfache Fassadengestaltung vorgeschrieben. Mit Einschränkungen gilt der Geddes-Plan bis heute.

Brutalismus statt Bauhaus: das 2007 renovierte HaBima-Theater am Ende des Boulevards

Die Boulevards, allen voran der Rothschild, sind heute der **wichtigste öffentliche Raum** in der eng bebauten City, dienen als Treffpunkt – und 24-Stunden-Bar. Ohne die Kiosk-Kultur wären sie nämlich nur das halbe Vergnügen. Der erste befand sich an der Ecke Herzl/Rothschild, wo heute ein niedlicher Nachbau in Form einer Espresso-Bar steht.

Während die Stadt sich rasant Richtung Nordosten ausbreitete und die Bäume sich Richtung Himmel streckten, änderte sich der Geschmack der Städter. Ein Spaziergang über den Rothschild führt einmal quer durch die Architekturgeschichte: Anfangs experimentierte man noch mit dem eklektischen Stil, also ›Balagan‹ (Durcheinander) aus orientalischen und europäischen Elementen, üppig verziert mit Türmchen und Balustraden, jeder Bauherr nach seiner Fasson. Aber bald einen sich die Fassaden, werden schlichter und klarer – inspiriert vom deutschen Bauhaus.

Von Staaten und Start-ups

Während der Fahrradweg eine Art Rennbahn darstellt, für die ganze Flotte elektrischer Fortbewegungsmittel, vom Hoverboard über den Roller zum E-Bike, sitzt Tel Avivs erster Bürgermeister Meir Dizengoff noch ganz klassisch im bronzenen Sattel vor seinem Wohnhaus Nr. 16. Im Mai 1948 spielte sich im ehemaligen Wohnzimmer der Familie eine dramatische, historische Szene ab: David Ben Gurion verlas hier die **Unabhängigkeitserklärung** des Staates Israel: »Gleich allen anderen Völkern, ist es das natürliche Recht des jüdischen Volks, seine Geschichte unter eigener Hoheit selbst zu bestimmen.« Die **Independence Hall** 1 ist im Originalzustand erhalten und für Besucher geöffnet.

Ob es an der jüdischen Geschichte liegt oder am Braingain durch die Einwanderung – Israel gilt als ›die‹ Start-up-Nation. Das entsprechende Ökosystem inklusive Venture Capitals und Co-Working-Spaces hat sich vor allem um den Boulevard angesiedelt. Dass sich die Glastürme oft unanständig eng an Wohnhäuser von einst schmiegen, erklärt sich durch den Zwiespalt Tel Avivs, als wirtschaftliches Zentrum des Landes zu bestehen und gleichzeitig sein bisschen Geschichte zu wahren: Neue Bauherren müssen sich verpflichten, im Gegenzug zwei, drei Gründerzeithäuschen aufzuhübschen.

Perspektivwechsel

Zu einem Wechsel der Perspektive verführt der **grüne Stuhl** auf einem Podest an der Ecke zur Shadal Street. Künstler Buky Schwartz fordert auf, einen Moment Platz zu nehmen – und die dazugehörige gelbe Fensterskulptur auf der anderen Straßenseite zu entdecken. Von diesem Sitzpunkt sieht es nämlich perfekt zweidimensional aus. Auffällig ist die Villa mit der Nr. 46 anbei. Eklektischer Stil mit neoklassizistischen Elementen und üppiger Palmengarten. 1924 als Familienresidenz entworfen, sitzt hier heute eine Förderstelle für ›einsame Soldaten‹.

Wer weiter zur Nr. 71 zoomt, verfolgt, wie die Architekten bereits wenige Jahre darauf ein neues Blatt für ihre hebräische Stadt aufschlugen: Als Boutique Hotel wiedergeboren, zeigt die Fassade von Ze'ev Rechters »Krieger Haus« aus dem Jahr 1934 die markanten Merkmale des neuen Stils der

B
BAUSTIL

Das **Wohnhaus** von Achussat-Bait-Gründer **Arie Akiva Weiss** 2 gilt als eines der schönsten erhaltenen **Gründerhäuser.** Das Herzl Gymnasium von 1909 dagegen fiel leider dem New-York-Skyline-Hype der Sechziger zum Opfer. Tatsächlich galt der **Shalom Tower** 3 nicht nur lange als Tel Avivs schlimmste Bausünde, sondern auch als höchstes Gebäude im Nahen Osten. Immerhin gibt es im ersten Stock eine etwas angestaubte, aber interessante **Fotoausstellung zu den Gründerjahren.**

Bald kein Dach mehr überm Kopf: Mietpreisprotest!

INFOS/ÖFFNUNGSZEITEN

Independence Hall 1: Rothschild Boulevard 16, www.eng.ihi.org.il, So–Do 9–17, Fr 9–14 Uhr, Eintritt 24 NIS
Weiss-Haus 2: Herzl Street 2
Shalom-Tower 3: Ahad HaAm Street 9, www.migdalshalom.co.il/eng/, So–Do 8–19, Fr 8–14 Uhr

ERST KAFFEE, DANN TANZEN!

Rothschild Coffee Kiosk 1: Rothschild Blvd 82, T 009 72 35 60 00 36, Sa–Do 7–0, Fr 7–18 Uhr
Port Said 1: Har Sinai 5, T 009 72 36 20 74 36, Sa–Do 12–3, Fr 12–19 Uhr
Rokoko-Bar 2: Allenby Street 99, tgl. 20.30–5 Uhr

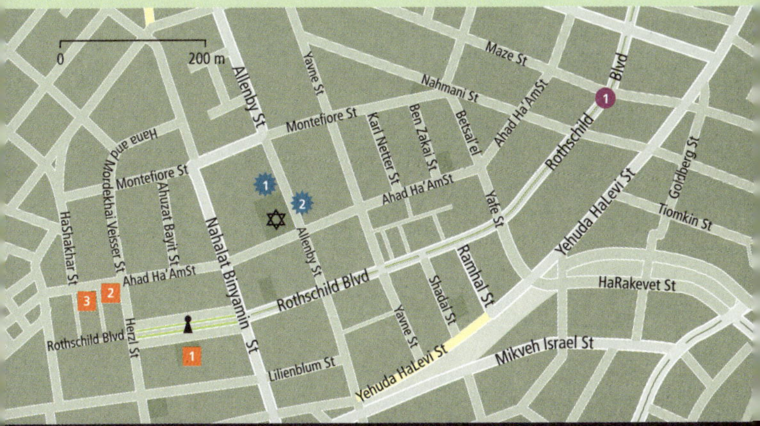

Cityplan: Karte 2, F/G 11

›Weißen Stadt‹. Kontrollierte, saubere Linien und eingestülpte Balkone, die mit ihrem Schattenspiel die helle Front definieren.

Weniger geschichtsträchtig, dafür umso entspannter geht es auf der zweiten Hälfte des Boulevards zu. Schon von weitem sieht man eine Menschentraube vor dem **Rothschild Coffee Kiosk 1**. Die Boulevard-Kioske sind nämlich keine schnöden Spätis, sondern kleine Gourmet-Tempelchen.

Hunger? Dann ab zu einem der Kioske am Rothschild Boulevard!

UM DIE ECKE

Ausgerechnet im Umkreis der Großen Synagoge lassen es die Nachtschwärmer besonders exzessiv krachen. Auf der Terrasse des **Port Said 1** gleich gegenüber gilt es, das herzhafte Fingerfood von Eyal Shani mit großen Mengen an Arak herunterzuspülen und dem gleichnamigen ägyptischen Hafen – einst bekannt als Sündenpfuhl – alle Ehre zu machen. Auf der anderen Seite in der **Rokoko-Bar 2** geht es um einiges intimer und zu später Stunde gern noch weniger distinguiert zu.

7

Puppenstube der Pioniere – **Neve Tzedek**

›Oase der Gerechtigkeit‹ bedeutet der Name des Gründerviertels von 1887, also der ersten jüdischen Nachbarschaft außerhalb der Stadtmauern von Jaffa. Fällt Ihnen etwas auf? Genau, beim Gründungsmythos von Tel Aviv ist von einer Verlosung im Sand die Rede, und zwar erst im Jahr 1909! Und die legendären Sanddünen lagen nicht in Neve Tzedek, sondern nebenan. Dort, wo sich das westliche Ende des Rothschild Boulevards befindet …

Wiederentdeckt und aufgehübscht: Die Shabazi Street gilt heute als teures Pflaster.

Falsche Bescheidenheit? Immerhin sieht man heute Touristenscharen durch die liebevoll restaurierten Straßen der beinahe dörflichen Stadtoase ziehen, in der schmucken **Shabazi** 1 Eiskaffee oder Rotwein trinken – und hört sie dabei unentwegt entzückt seufzen. Tatsächlich aber ist es noch gar nicht so

lange her, nämlich erst etwa dreißig Jahre, da galt Neve Tzedek als schmuddeliges Armenhaus. Enge, unbefestigte Straßen, Toiletten im Hof, der Stuck an den niedrigen Fassaden von der salzigen Luft abgefressen. Das Gegenteil einer modernen, geschäftigen Metropole, wie sie sich die Zionisten aus dem Westen damals erträumt hatten.

Die aus Europa eingewanderten Juden sahen sich in den Gründerjahren als die Elite, akademisch gebildet, liberal und säkular, während die Misrachim als ›ungebildete Bauern aus dem Orient‹ in der Ansicht vieler nur Statisten für den jungen Staat waren. Die gesellschaftliche Kluft besteht bis heute: Letztere verdienen 30 Prozent weniger, haben weniger wichtige Ämter inne, sind im Schnitt religiöser – und stellen politisch mehrheitlich den rechten Flügel.

Dabei hätte alles auch ganz anders ausgehen können … Als die Kaufmannsbrüder **Shimon und Eliezer Rokach** aus Jaffa eine Gesellschaft zur Verbesserung der Lebensbedingungen der jüdischen Community gründeten, war es **Aharon Chelouche,** ein höchst angesehenes Mitglied der sephardischen Juden, der ihnen Land verkaufte und die ersten Häuser baute. Die Sephardi-Juden, ebenfalls als ›die Anderen‹ stigmatisiert, sind meist aus Nordafrika eingewandert, können ihre Wurzeln aber bis zur Vertreibung der Juden aus Spanien 1492 zurückverfolgen. Die Chelouche-Familie war schon um 1840 aus Algerien nach Palästina gereist, ein halbes Jahrhundert, bevor Herzls Zionismus-Utopie »Altneuland« gedruckt wurde.

Aharon Chelouche – ein Mann von Welt

Aharon Chelouche hatte es als Geldwechsler und Juwelier zu einem Vermögen gebracht und vor den Toren Jaffas Land gekauft. Er war eine Figur, auf die sich noch heute Aschkenasim, Misrachim und sogar die arabischen Einwohner Jaffas einigen können. Denn Chelouche verstand sich als Jude arabischer Kultur. Die Familie sprach zu Hause Arabisch, er trug eine wallende Jalabiya und einen Tarbush auf dem Kopf – und pflegte sowohl zur zionistischen Elite als auch zur osmanischen Obrigkeit gute Beziehungen. Der Legende nach fuhr Aharon damals täglich mit der Kutsche von seinem Juweliergeschäft in Jaffa zu seinem neuen Haus

»Auch du hast einen Flüchtling in deiner Familie«, mahnt Künstlerin Murielle.

G
GAGA

Ohad Naharin ist Choreograf des berühmten **Batsheva-Ensembles.** Als er von den Verwaltungsangestellten gesagt bekam, sie wollten auch tanzen lernen, erfand er die Philosophie des Gaga. »Körperpflege« nennt er es. Dabei sind die Spiegel verhängt, zuschauen ist verboten. Es gibt kein richtig und kein falsch. Selber ausprobieren oder die Doku »Mr. Gaga« gucken, in der es um das Wirken von Oharin als einem der wichtigsten Choreografen der Welt geht. www.mrgagathefilm.com

in Neve Tzedek. Die Familie wohnte in der **Chelouche Street 32** 2 und führte dort in Angesicht des erwarteten Baubooms eine Ziegelfabrik. Eines Tages kippte seine Kutsche in einem ausgetrockneten Wadi, und Chelouche verletzte sich. Als der osmanische Statthalter von Jaffa davon hörte, ließ er Chelouche zu Ehren die erste moderne Brücke bauen. Später verlief darunter die Zugstrecke von Jaffa nach Jerusalem. Die **Brücke** 3 spannt sich heute noch über das Wadi – und einen Parkplatz.

Trotz des Einflusses der Chelouche-Dynastie und anderer Sephardi-Familien verspielten die Juden die Beziehungen zur arabischen Bevölkerung bald. Die neu eingewanderten Aschkenasim aus Osteuropa und Russland gaben den Ton an, hatten aber kein Interesse an der arabischen Kultur. Viele waren Sozialisten oder Kommunisten, sie misstrauten nicht nur den Palästinensern, sondern auch den sephardischen Kaufmännern.

Mit ihren ›dicken Frauen‹ stellt Lea Majaro-Mintz das Schönheitsideal infrage.

Maler, Dichter, Tänzer

Nachdem sich die ersten Geschäfte in Neve Tzedek etabliert hatten, galt das Viertel als wohltuende Alternative zum überfüllten Jaffa. Es gab drei lange Reihen mit Häusern, eng aneinander gebaut, um außerhalb der Stadtmauern Schutz zu bieten. Jede Familie hatte zwei Räume mit insgesamt 34 Quadratmetern, mit einem Vorhof für Küche und Plumpsklo.

Während der Zweiten Aliyah Anfang des 20. Jahrhunderts ließen sich einige Künstler und Intellektuelle aus Russland hier nieder, wie der Schriftsteller und Nobelpreiträger Shay Agnon und der für seine orientalophilen Motive bekannte Maler Nachum Gutman. Die Hingabe zur Kunst ist dem Viertel geblieben: Als eines der schönsten Gebäude gilt das Haus von Neve-Tzedek-Pionier **Shimon Rokach** 4. Das Haus trägt eine kleine Kupferkuppel. Seine Enkelin Lea renovierte es beinahe 100 Jahre später und stellt dort nicht nur ihre eigenen Skulptürchen dicker, nackter Frauen aus, sondern präsentiert auch die interessante Familiengeschichte.

In den damals ersten Hebräisch-Schulen für Jungen und Mädchen residiert heute das **Suzanne Dellal Center** 5 für Tanz und Theater, mit Israels erster moderner Tanzkompanie sowie der berühmten **Batsheva Dance Company.** In den großen Innenhöfen lässt sich gut Pause machen

INFOS/ÖFFNUNGSZEITEN

Rokach-Haus 4: Simon Rokach Street 36, So–Do 10–16, Fr/Sa 10–14 Uhr

Suzanne Dellal Center 5: Yechieli Street 5, www.suzannedellal.org.il/en

Eden Cinema 6: Lilienblum Street/Pines Street

Aden Heritage Center 7: Lilienblum Street 5, So–Do 10–14 Uhr, Eintritt frei, aber vorher nach englischer Führung fragen! T 009 725 23 86 00 79

KULINARISCHES FÜR ZWISCHENDURCH

Dalal Pastry Shop 1: Kol Israel Haverim Street 7, So–Do 7–20.30, Fr 7–17 Uhr, Sa geschl.

Kiosk Est 1920 2: Lilienblum Street 3, T 009 725 25 20 73 05, So–Do 7–23, Fr 7–17 Uhr

Cityplan: Karte 2, E/F 11/12

– und zwischen den von Wasserläufen umspülten Zitronenbäumchen mit Papierschiffchen spielen. Unbedingt im Garten des **Dalal Pastry Shop** 1 ein Stück Pizza Lavana mit Haselnüssen essen!

Diesseits von Eden

Etwas fehlte Meir Dizengoff, Tel Avivs erstem Bürgermeister, noch zu einer richtigen Stadt: ein Kino! 1913 baute ein deutscher Architekt in der Lilienblum-Straße das **Eden** 6. Der Projektor wurde in Alexandria gekauft, die Sessel aus Wien eingeschifft. Mit »Die letzten Tage von Pompeji« feierte das Eden Premiere. Heute sieht die denkmalgeschützte Fassade des Kinos selbst aus, als ob es einen Vulkanausbruch hinter sich hätte. Wieder hergerichtet wurde dafür der hellblaue **Kiosk** 2 gegenüber. 1920 waren Gazoz-Sprudel der Renner. Heute schlürfen schwule Elternpaare hier ihren Espresso. Und immer noch steht die Lilienblum-Straße mit ihren Lokalen und Bars für die Kunst der Tel Avivis, das Leben im Hier und Jetzt zu genießen.

Mit dem Eden-Kino wurde die Lilienblum Street zur Vergnügungsmeile.

UM DIE ECKE

Neben dem Eden befindet sich die **Kol Yehuda Synagoge** 7, die für die Gemeinde der jemenitischen Juden aus **Aden** gebaut wurde. In der Synagoge gibt es eine kleine **Ausstellung** zur jüdischen Kultur in Aden.

8

Heilig ist hier nur der Körperkult – **14 Kilometer Stadtstrand**

Unter der Woche bildet die Küstenstraße die letzte Schranke, doch am Schabbat wird die Stadt eins mit ihrem Strand. Nur auf dem Radweg herrscht Rushhour: Longboarder mit Musik auf den Ohren, ein Trupp Läufer, die Augen im Flirtmodus. Noch ein Schritt – und die Zehen graben sich in feinen Sand. Das hebräische Wort dafür hat eine zweite Bedeutung: ›Chol‹ benennt das Alltägliche, das Profane. Das passt gut, bildet Tel Aviv doch den Gegenpol zum spirituell aufgeladenen Jerusalem.

Wer hier nur rumliegt, ist Tourist: Der Strand ist Spielplatz einer hyperaktiven Bevölkerung.

Dabei war Tel Aviv gar nicht als Küstenstadt geplant. Noch in den Zwanzigern antwortete der Bürgermeister auf den Vorschlag eines Architekten, Tel Aviv zum Strandbad herauszuputzen: »Un-

sinn, Juden haben kein Interesse daran, im Meer zu baden.« Damit lag er ziemlich daneben. In einer Zeit, in der fast alle Städter Neueinwanderer waren, hatte der Strand auch verbindende Funktion. In der Badehose waren alle gleich. Überhaupt: braungebrannt und sportlich. Das passte zum Idealbild des neuen ›Muskel-Juden‹.

Heute können nur noch die lästigen ›Medusot‹ in der frühsommerlichen Quallensaison die Tel Avivis von ihrem Meer fernhalten. Der Strand ist Tempel des Körperkults, Mekka der Hedonisten – und Partnerbörse. Wer hier einfach nur rumliegt, outet sich als Tourist.

Die Wellen sind zahm vor Tel Aviv, geritten werden sie trotzdem wie wild.

Krieg und Frieden

Pong, ping, paaang ... pok! Der Aufprall der harten Bälle auf Holz oder Carbon ist das Metronom, das dem Treiben den Rhythmus vorgibt. »Wenn der Ball daneben geht, gibt's Verletzte«, erklärt ein Spieler. Aber der Ball geht nur selten daneben. Ihn in der Luft zu halten ist das einzige Ziel des **Matkot-Spiels.** »Das Besondere ist, dass es keinen Gewinner gibt, es ist ein friedlicher Sport.« Sein Kumpel widerspricht: »Du kommst mit dem Ärger über die Welt her und haust ihn hier raus!« Wahrscheinlich haben beide Recht. Ein Matkot-Spiel fühlt sich an wie ein Gespräch mit einem guten Freund. Mal gibt man nach, mal reizt man aus.

Aber da sind nicht nur die Matkot-Spieler. Wer die Promenade entlangspaziert, bekommt den Eindruck, halb Tel Aviv bereite sich auf eine Sommer-Olympiade vor. An den Outdoor-**Muckibuden** glänzen Waschbrettbäuche, auf den Rasenflächen turnen **AcroYoga-**Pärchen aufeinander herum. Vor der Marina hechten **Volleyballer** durch den Sand. Im Norden tanzen die Schirme der **Kite-Surfer** über der Küste, im Süden liegen die Wellenreiter auf der Lauer, dazwischen paddeln die SUPler. (Die Tel Avivis sind überzeugt, den Trendsport **Stand-Up-Paddling** schon vor Jahrzehnten erfunden zu haben.)

A ALTALENA

In den späten Dreißigern versuchten illegale Aliyah-Schiffe am Strand zu landen. Dramatisch war aber auch der Niedergang der **Altalena.** Die jüdische Irgun hatte vor Ausbruch des Unabhängigkeitskriegs einen Transport organisiert. Waffen aus Frankreich! Staatsgründer Ben Gurion, dem die Macht der Untergrundorganisation unheimlich geworden war, ordnete an, das Panzerschiff mit allen Mitteln zu stoppen. Einheiten der neuen Armee nahmen die Altalena unter Beschuss – bis sie vor der Küste in Flammen stand.

Von buntscheckigen Süden ...

»Jeder Jude, und ich bin einer davon, hat zwei Forderungen an Gott: einen Platz im Paradies im nächsten Leben und einen Platz am Strand von Tel Aviv in diesem«, schrieb der Journalist Shalom Asch 1937. Zumindest was den zweiten Wunsch angeht, hatte Gott scheinbar Einsehen. Ein Spaziergang von

Beim Matkot-Spiel gilt es, denn Ball in der Luft zu halten. Gewinner? Verlierer? Gibt es keine.

einem Ende zum anderen gibt tiefere Einblicke in die Demografie der Stadt als jede Sozialstudie.

Unter der Altstadt von Jaffa liegt der heterogenste Abschnitt, hier dippen verschleierte Muslimas ihre Zehen ins Wasser, während Sonnenhungrige im Tanga Matkot spielen. Weil Hunde in Tel Aviv in den Augen ihrer Besitzer (und das sind viele) als gleichberechtigte Bürger gelten, ist ihnen ein Stück feiner Sandstrand gewidmet. Dort muss man also mit nassem Fell und Sandbewurf rechnen – was die Hinterlassenschaften angeht, sind die meisten Herrchen gut erzogen.

Von der einst nördlichsten Nachbarschaft Jaffas, dem ärmlichen, sowohl von Juden als auch Arabern

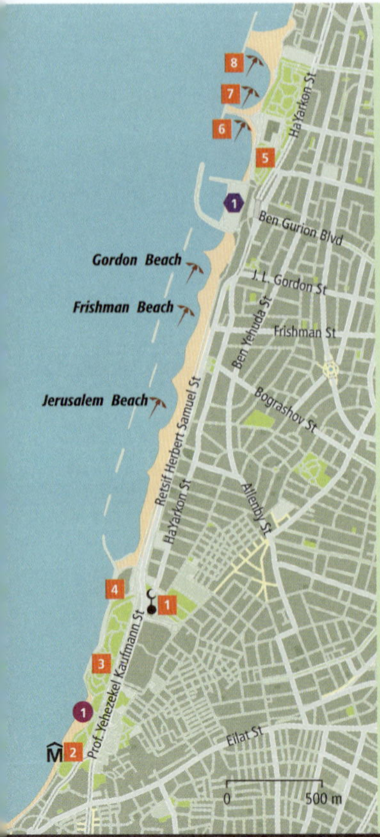

INFOS/ÖFFNUNGSZEITEN

Hassan-Bek-Moschee 1
Etzel-Haus/Irgun-Museum 2: So–Do 8–16 Uhr, Eintritt 10 NIS
Charles Chlore Park 3
Dolfinarium 4
Unabhängigkeitspark 5
Hilton-Strand 6
Hundestrand 7
Strand mit Geschlechtertrennung 8

HUNGER? BEWEGUNGSDRANG?

Manta Ray 1: Kaufmna Stree 703, www.mantaray.co.il

Gordon Pool 1: Eliezer Peri Street 14, T 009 72 37 62 33 00, So 13.30–21, Mo–Do 6–21, Fr 6–19, Sa 7–18 Uhr

Cityplan: D–F 5–12

Ratschrunde im öffentlichen Planschbecken: kein ungewöhnlicher Anblick vor Jaffa

bewohnten Manshiyeh, stehen heute nur noch die **Hassan-Bek-Moschee** 1 und das **Etzel-Haus** 2, in dem sich das vor Nationalstolz strotzende Museum der jüdischen Irgun-Kämpfer befindet. Über den Rest der Nachbarschaft hat die Stadt den Rasen des **Charles-Clore-Park** 3 wachsen lassen. Am Wochenende lassen sich hier vor allem arabische Familien in Grillschwaden räuchern. Fischliebhaber kehren ins **Manta Ray** 1 am Strand ein.

Am Ende des Parks ragt ein seltsamer Bau ins Meer. Seine Form erinnert an ein Gebiss, was Street-Artist Dede vor ein paar Jahren dazu veranlasste, ihm Zähne zu verpassen. Dass sich darin einmal ein **Dolfinarium** 4 befand, wissen nur noch die Alten. Eingegraben ins jüngere Gedächtnis der Stadt hat sich der Anschlag, der 2001 auf eine Disko im Komplex verübt wurde. Der Selbstmordattentäter aus dem Westjordanland riss 21 israelische Teenager in den Tod.

Trotzdem geht es hier an Freitagnachmittagen fröhlich zu. Dann treffen sich Trommler, Tänzer und Jongleure vor der Nordseite des maroden Baus, um mehr oder weniger rhythmisch das Wochenende zu begrüßen.

Immerhin, für Graffiti bietet das brachliegende Dolfinarium jede Menge Platz.

... zum klassenbewussten Norden

Von hier geht es auf feinstem Sand weiter bis zum kleinen **Yachthafen.** Der längste Strandabschnitt ist im Sommer auch der vollste. Blicke, Biere und Joints wechseln über die Strandlaken. Und derart entspannt stört es nicht mal, dass die Durchsagen des Bademeisters klingen, als ob er gerade Schwerverbrecher an der Gefängnismauer ertappt hat.

Wem das alles zu ›proletarisch‹ ist, der findet vor dem Yachthafen einen Salzwasserpool ohne Quallen, Wellen oder nasse Hunde. Der **Gordon Pool** 1 wurde 1956 gebaut, als das Wasser vor der Küste zu verschmutzt war, um darin zu baden. Jahrzehntelang haben sich hier Intellektuelle, Künstler und Politiker getroffen und Ephraim Kishon soll sich hier in seine erste Frau verliebt haben. Nach dem Training gab es Hering und Anisschnaps am Beckenrand. Und als der marode Pool abgerissen wurde, ging die eingeschworene Anhängerschaft auf die Barrikaden. Bis die Stadt endlich ein neues Becken baute: auf dem eiförmig angelegten Podest die 50-Meter-Bahn, drumherum ein Holzdeck. Der Maschendraht wirkt zwar weniger exklusiv, aber der Mythos scheint ungebrochen. Jeden Morgen wird das Wasser aus 150 Meter Tiefe unter der Küste heraufgepumpt. Nach Sonnenuntergang strudelt es ins offene Meer. »Mit all den Gedanken und Sorgen, die den Schwimmern durch den Kopf gingen«, sagt ein Stammgast.

F FRIEDENS-RADIO

Auf der Promenade über dem Gordon-Strand befindet sich eine kleine **Gedenktafel** mit Knopf. Wer ihn drückt, hört die Stimme von **Abie Nathan.** 1965 kandidierte der Berufspilot für die Knesset (das Einkammerparlament des Staates Israel), bekam jedoch nicht genug Stimmen, um sein Wahlversprechen einzulösen, nämlich: eine Friedensbotschaft nach Ägypten zu senden. Schließlich wurde er festgenommen, als er versuchte, sie selbst mit einem Doppeldecker zu überbringen. Damit galt er als Held der Friedensbewegung. 1973 gründete er einen Piratenradiosender, der 20 Jahre lang von einem Schiff ›the voice of peace‹ sendete. Mit dem Oslo-Prozess und der Hoffnung auf Frieden versenkte Nathan das Schiff samt Sender. Leider zu früh …

Regenbogen, Schläfenlocken, Eis am Stiel

Meerblick ohne lästigen Sand bietet der **Unabhängigkeitspark** 5 auf dem Hügelchen vor dem Hilton Hotel. Der Strandabschnitt darunter wird gern als Beweis für Tel Avivs Weltoffenheit bemüht: Während das Stück unter dem **Hilton** 6 traditionell als Treffpunkt der Schwulen-Community gilt, endet der anschließende **Hundestrand** 7 vor einer Mauer. Hinter dem Sichtschutz herrscht **Geschlechtertrennung** 8: Auch Tel Avivs kleine orthodoxe Gemeinde geht gern ans Meer.

Damit ist es aber immer noch nicht vorbei! Hinter dem ehemaligen Containerhafen führt der Küstenweg am Drehort von »Eis Am Stiel« vorbei zum romantischen **Tel-Baruch-Strand.** Und irgendwo hinter den Dünen liegt das reiche **Herzliya …**

UM DIE ECKE

Nach dem Abriss der Manshiye-Nachbarschaft wirkt die **Hassan-Bek-Moschee** 1 seltsam fehl am Platz zwischen den Hoteltürmen. Die Alten erinnern sich noch, wie in den Dreißigern und Vierzigern palästinensische Scharfschützen aus dem Minarett auf Tel Aviv zielten. Für die Palästinenser steht die Moschee für den Exodus aus Jaffa. Nach dem Attentat 2001 auf die Disko im Dolfinarium gegenüber, zogen Hunderte von jüdischen Demonstranten vor die Moschee, zündeten Autos an und warfen Steine.

Im Königreich der Kichererbsen – **Carmel-Markt und Kerem (HaTeimanim)**

#9

Zum viel beschworenen Hedonismus der Tel Avivis gehört, dass sie jeden Leckerbissen zelebrieren, als ob der Weltuntergang bevorstünde. Im Gegensatz zum trubligen Carmel-Markt gibt sich das Viertel drumherum extrem entspannt. Der Name Kerem (HaTeimanim) verweist auf die jemenitischen Juden, die sich hier noch vor Gründung der Achussat Bait niedergelassen hatten. Und auf die Weinstöcke, die hier einst wuchsen. Ganz so öd wie im Mythos war das Land dann wohl doch nicht.

Heute fühlt man sich hier trotz Kaskaden von Bougainvillea-Blüten wie in einem Schwarz-Weiß-Foto: einfache Häuschen, kaum Autos. Niemand muss

Glänzendes Rot, sirenenhaftes Gelb: Auf dem Carmel-Markt muss man alles probieren.

T
TRADITION

Trotz Hipster-Zuzug ist der Kerem immer noch eine **traditionelle Misrachi-Nachbarschaft.** Von Freitagnachmittag an wird die **Schabbatruhe** eingehalten und das Viertel fällt in tiefen Schlaf.

müssen, und zu jeder Tageszeit sitzen Leute vor den Cafés, die das zu bekräftigen scheinen. Im Kerem spürt man nur in einer Angelegenheit Ehrgeiz. Und zwar, wenn es darum geht, DEN neusten kulinarischen Geheimtipp zu entdecken. Dabei gibt es zwei Kategorien: authentische Alte-Welt-Küche in der Butze, oder einfach im Wohnzimmer, wie bei der Familie, die jeden Schabbat mit **Jachnun-Duft** in ihre **Wohnung** ❶ lockt. Provisorisch zum Bistro umbetischt, werden die über Nacht zubereiteten Ölteigfladen samt Ei und Tomatensoße in einmütigem Schweigen verschlungen. Aber auch rund um die Yehya-Kapah-Street sammeln sich urige Familienbetriebe. Und anders als beim ebenso hochfrequentierten Abu Hassan in Jaffa kann man sich hier Zeit lassen beim Hummus essen. Übrigens: Ein ›komplet‹ ist Hummus plus Ful (Bohnenpaste) mit Ei. Frisch und deftig geht es auch bei **July** ❷ zu. Seit Jahrzehnten geht die in Ägypten geborene Köchin morgens auf den Carmel-Markt, lässt sich inspirieren und bereitet dann Hausmannskost aus der Heimat ihrer Vorfahren zu. Statt Karte gibt es nur die Wahl zwischen Fleisch und Fisch, vegetarisch oder extra scharf.

Die zweite kulinarische Kategorie stellen die neu arrivierten Hipster-Lokalitäten dar wie das **Café Yom Tov** ❸, das hinter seiner Sehen-und-Gesehen-

Cityplan: E/F 10/11

WENN DER MAGEN KNURRT ...

Jachnun-Wohnzimmer ❶: HaYarkon Street 22, nur Sa vormittag!
July ❷: Malan Street 42, T 009 72 35 16 93 34, nur Mittag außer Samstag, solange der Vorrat reicht
Café Yom Tov ❸: Yom Tov Street 30, T 009 72 39 69 24 34, So–Do 8–1, Fr 8–20, Sa 19–1 Uhr
Café Zedek ❹: Rabbi Meir Street 40
Balinjera ❺: Malan Street 4, T 009 72 35 25 25 27, So–Do 12–23, Fr 11–15.30, Sa 19.30–23 Uhr
Elads Falafel ❻: Rambam Street 2, So–Do 8–18, Fr 8–16 Uhr
Tikvas Saft (ebenfalls ❻**):** Rambam Street 2, So–Do 8–18, Fr 8–16 Uhr
Café Birenbaum ❼: Buffet 10–15 Uhr, 50 NIS, akzeptieren keine Kreditkarte

werden-Straßenbar eine gemütliche Stube mit guter Musik versteckt. Oder das **Zedek** ❹. Tagsüber locker, nachts lässig, außerdem verkauft der junge Besitzer hier seine in allen Meerestönen lasierten Keramikschalen. Im Zedek kann es gut passieren, dass man Tamar trifft. Die äthiopische Jüdin mit den langen Rastalocken arbeitet als Kellnerin im Restaurant ihrer Schwester gleich um die Ecke. Das **Balinjera** ❺ gehört zu den besten äthiopischen Restaurants Tel Avivs.

Feilschen, Schleppen, Schlemmen

In den frühen Zwanzigern gründeten die Bewohner des Kerem ihren eigenen Markt. Mit Hilfe des zionistischen Anführers Arthur Ruppin verwandelte eine Gruppe von russischen Immigranten das Viertel schnell in ein lebendiges Handelszentrum.

Die eigentliche Marktstraße **HaCarmel** 1 führt vom **Magen David Square** an der Allenby Street bis hinunter zum Park neben der Hassan Bek Moschee. Während es im ersten Abschnitt vor allem billige T-Shirts und Boxershorts gibt, findet man im zentralen Sektor Früchte und Obst in allen Aggregatzuständen, nicht-koscheres Fleisch, Oliven, Halva, und heimische Kräuter. Aber auch Käsespezialitäten oder Zutaten für die asiatische Küche. Trotz des touristischen Andrangs und der Souvenirstände gibt sich das Markttreiben dazwischen so erdig wie eh und je. Mit all den olfaktorischen Schocks, die dazugehören, wenn an einer Ecke frisch Geschlachtetes vom Haken hängt und an der nächsten der Honig vom Baklava trieft. Besonders günstig ist der Shuk übrigens nicht, vor allem wenn man nicht hartnäckig genug feilscht.

Der König des Falafels und die Gebieterin der Saftpresse

Dazwischen finden sich allerhand Fressbuden. Eine Institution ist der winzige Karren von **Elad** ❻. Ohne Schild oder sonstiges Chichi steht er an der Ecke Rambam-Straße. Seine Familie beherrscht das Falafel-Monopol seit fünfzig Jahren. Ohne Unterlass dreht er mit einem Eislöffel die Kichererbsenbällchen, bevor er sie ins Öl schmeißt, und erinnert sich an jeden Namen seiner vielen Stammgäste. Die drängeln sich wie bei einer Stehparty vor den Soßenschälchen und löffeln nach jedem Bissen mehr leuchtend gelbes Amba, diese würzi-

A
AUSBLICK

In der Stadt der Flachdächer landet man immer mal wieder auf Partys hoch über Tel Aviv oder hat im besten Fall Zugang zu einem eigenen Sonnenkitsch-Yoga-Weintrink-Dach. Wer sich im Shuk spontan nach **360-Grad-Panorama** sehnt, findet es auf dem Dach des **Gruzenberg-Parkhauses.** Mit dem Aufzug in der Nachalat Binyamin 26. (Achtung mit dem Schabbat-Modus! Denn dann hält er in jedem Stockwerk ...)

Zuckergespinst: Der Shuk HaCarmel geizt nicht mit seinen Reizen.

ge Mango-Soße, ein Mitbringsel irakischer Juden, in ihr Pitabrot.

Beinahe verwachsen mit Elads Karren ist der Stand von **Tikva** 6. Wenn man davon ausgeht, dass ihr Saft so jung hält, wie er schmeckt, muss sie mindestens in ihren Siebzigern sein. »Ich zähle nicht«, sagt sie, und mixt Orangen, Karotten und viel Ingwer zusammen, streut Pfeffer drüber. Ein Schuss Olivenöl wegen der Vitamine. Als einer in der Schlange über seine Nebenhöhlen klagt, verpasst sie ihm einen ›Shot‹ aus Kurkuma und Zitrone. Zack und runter! Die Frau hinter ihm schüttelt bewundernd den Kopf: »Besser als beim Doktor!«

Die Nachalat Benyamin Street teilt sich die Fußgängerzone mit dem Eingang des Markts, die Eyecatcher sind hier die Stadtpalästchen im eklektischen Stil, oft üppig verziert mit Elementen aus Art déco oder Jugendstil und Judaica-Motiven. Der Künstlermarkt, der hier freitags und dienstags stattfindet, ist Geschmacksache.

Auf jeden Fall aber lohnt es sich mit Platz im Bauch zum Brunch-Buffet das **Café Birenbaum** 7 aufzusuchen. (Weil nebenan ein Wollladen liegt, stecken Bänke und Bäume vor dem Lokal in bunten Strickstrümpfen.) Hier beeindruckt die Auswahl von 40(!) Salaten – sowohl koscher als auch vegan –, die Keren mit den betörend grünen Augen jeden Morgen um 5 Uhr selbst zubereitet. Gegründet hat Kerens Großvater, ein Auschwitz-Überlebender, das Lokal 1962. Wieso seine Tochter auf einer der Malereien an der Wand ein Flugzeug auf dem Tablett balanciert? Nun, das habe wiederum etwas mit dem Stresssyndrom des befreundeten Malers zu tun, erklärt Keren: der Libanonkrieg. Außerdem, fügt sie hinzu, sei man hier eben sehr international.

Lefties, Dichter, Schläfenlocken – **King George und Sheinkin Street**

10

Lev Halr, Herz der Stadt, nennen die Tel Avivis die Straßen zwischen Rothschild und Allenby. Mittendurch verläuft die King George Street wie eine Hauptschlagader, durch die ohne Unterlass der Lebenssaft pumpt. Hier sind Tandhändler ebenso zu Hause wie die überschaubare orthodoxe Gemeinde und Tel Avivs alte und neue Bohème.

Der Name **Sheinkin Street** 1 hat in den Ohren der Israelis immer noch etwas Magisches oder Verrufenes – je nach Weltanschauung. Heute ist die kleine Schwester der King George auf den ers-

Spiegel der Zeit: Fotograf Rudi Weissenstein hat Tel Avivs Jugendjahre in Szene gesetzt.

Bohème und Charedim leben im Herzen der Stadt nebeneinander.

ten Blick nicht mehr als eine nette Einkaufsstraße mit stylischen Boutiquen und Cafés. Dabei ist es noch gar nicht so lange her, dass die Bezeichnung ›Sheinkiniten‹ ein geläufiges Synonym für Tel Avivs politisch linksdrehende, künstlerisch-intellektuelle Avantgarde war.

Anfangs lebten hier viele Juden aus Polen, Händler und Handwerker, die vor der Verfolgung in der Heimat geflohen waren. In den Dreißigern rückte die Straße dann ins **Epizentrum des kulturellen Lebens.** Doch als sich die Stadt weiter Richtung Norden ausstreckte, zogen die Leute weg. Altmodisch schienen die Geschäfte jetzt, ihre Besitzer farblos – und statt eleganter Kleider dominierten die schwarzen Mäntel der chassidischen Juden in ihren klobigen Schuhen.

In einem Versuch, das Herz Tel Avivs wieder zum Schlagen zu bringen, wurde die Straße von den Medien zum **Bohème-Quartier** gehypt – und Wunder: Es funktionierte! In den Achtzigern galt die Sheinkin Street als Inbegriff der Tel Aviver Seele, geschmackvoll exzentrisch, ›jiddisch

INFOS/ÖFFNUNGSZEITEN

Bialik-Haus 3: Bialik Street 22, T 009 723 52 54 53, Mo–Do 9–17, Fr/Sa 10–14 Uhr, So geschl.
Beit Ha'Ir 4: Bialik Street 27, www.beithair.org/en, Mo–Do 9–17, Fr/Sa 10–14 Uhr, So geschl., 20 NIS
Rubin Museum 5: Bialik Street 14, www.rubinmuseum.org.il, Mo/Mi/Do/Fr 10–15, Di 10–20, Sa 11–14 Uhr, So geschl.

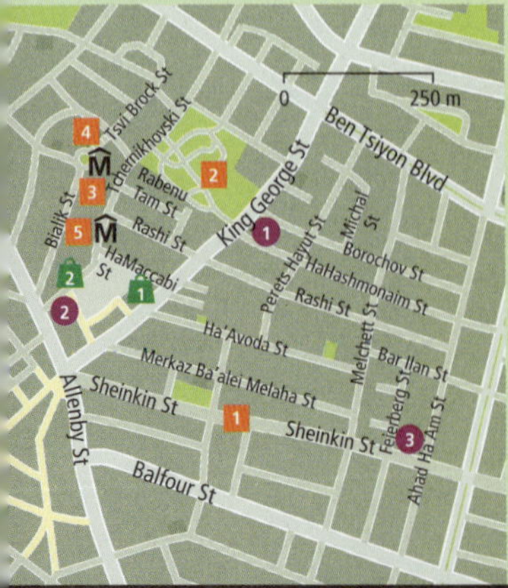

SCHLEMMEN & STÖBERN

Miznon 1: King George Street 30, T 009 72 35 08 11 18, So–Do 12–0, Fr 12–17, Sa 13–0 Uhr
Sabich 2: Tchernichovsky 2, So–Do 10–20.30, Fr 10–15.30 Uhr, Sa geschl., 17 NIS
Itzik and Ruthie 3: Sheinkin Street 53, So–Fr 3.30–11 Uhr oder bis das Essen aus ist
Kleiner Prinz 1: King George Street 19, T 009 72 35 25 36 32, So–Do 9–0, Fr 9–18.30, Sa 19–0 Uhr
PhotoHouse Pri-Or 2: Tchernikovski Street 5, www.thephotohouse.co.il, So–Do 10–18, Fr 10–14 Uhr, Sa geschl.

Cityplan: F/G 9/10

mit einem Hauch Punk‹. Die orthodoxen Juden im Straßenbild brachten gerade das richtige Quäntchen Charme in eine ansonsten weltliche Nachbarschaft mit Galerien, Boutiquen und vor allem: dem **Café Tamar.** Treffpunkt linker Journalisten, Politiker und Schriftsteller und Quelle gesellschaftskritischer Debatten. Mit dem Tod der illustren Besitzerin wurde es nun leider geschlossen.

Kruschelige Königsstraße

All die demografischen Wandel, die sich im Mikrokosmos der Sheinkin Street vollzogen, sind in der King-George-Straße immer noch sichtbar: Von der schmuddligen Bucht in der Allenby über den größten Park im Herzen der Stadt, in dem die **LGBT-Gemeinschaft** ihr Basislager hat. Vom Schulterschluss mit dem Shoppingwahn am **Dizengoff-Center** bis zu den ruhig auslaufenden letzten Metern vor dem **Masaryk Platz** ist die King George ein Kondensat der Tel Aviver Gesellschaft. Konditoreien, Bars, Antiquitätengeschäfte, Kruschelläden, mal vegan, mal exotisch, mal verstaubt. Vom Polyesterfummel zur Vintagerarität – die endlose Ladenzeile ist eine Wundertüte.

Wer dem Gewusel und Gehupe der Allenby entflohen ist, sehnt sich wahrscheinlich erstmal nach einem Moment der Besinnung. Den gibt es im **Kleinen Prinzen** 1. Regalwände voll alter Bücher, sowohl im Salon als auch im Garten, strömen einen anregenden Duft aus. Dazu gibt es gemütliche Sofas, schlichte vegane Speisen und liebenswerte Bedienungen.

Wenn Freitag ist, wird man vor dem **Park Gan HaMeir** 2 Zeuge hochemotionaler Szenen. Denn dann werden hier Dutzende von Straßenhunden zur Adoption feilgeboten. Bellen, Kläffen, Winseln, das gehört hier sowieso zum Backgroundsound. Dahinter liegt der größte von 60 Hundeparks der Stadt. Die Hunde verfolgen einen meist noch bis ins **Miznon** 1, die ›Kantine‹ gegenüber. Laut, hektisch, gutgelaunt – hier geht's wirklich wie in einer Kantine zu. Aber wer einmal verfolgt hat, wie aus den Blumenkohlköpfen über der Bar eine köstlich angekokelte Reinkarnation wurde, Minutensteak, Lammkebab oder Ratatouille mit viel Tahina-Soße im frischen Pitabrot gekostet hat, wird immer wieder kommen.

B
BIALIK

Bialik galt zwar als Moralinstanz, fühlte sich jedoch Zeit seines Lebens zerrissen zwischen Religion und Aufklärung. Selbst sein beliebtes Kinderlied »Nad-Ned« gilt als Metapher für seine **kritische Auseinandersetzung mit religiöser Tradition** auf der einen Seite und **modernem Zionismus** auf der anderen. »Wippe, Wippe; hoch und runter; was ist oben, was ist unten; nur ich, ich und du, hoch und runter; wir beide sind die Gewichte in der Waagschale; zwischen Himmel und Erde.«

In der ersten Bürgermeisterei gedenkt man erst seit ein paar Jahren der Gründerzeit.

Streetfood in der Klassikvariante dagegen gibt es am Anfang der Parallelstraße, der Tschernikowsky: **Sabich** 2 soll tatsächlich ein Tel-Aviver-Original sein, erfunden von irakischen Juden als Schabbat-Frühstück. Küchenmann **Efi** ist nicht so dauergutgelaunt wie die Miznon-Jünglinge, aber sein Pita mit frittierten Auberginen und Tahina verhilft zum selben wohligen Gefühl im Bauch.

Die zweite Attraktion der kleinen Seitenstraße ist das **PhotoHouse Pri-Or** 2. Gründer und Fotograf Rudi Weissenstein hat Tel Avivs Geschichte seit 1936 in über einer Million von ikonenhaften Motiven festgehalten, die heute noch von der Familie verwaltet und deren Abzüge hier in allen möglichen Formaten verkauft werden. Benannt ist die Straße nach Saul Tschernikowsky, einem der bekanntesten Dichter des jungen Tel Aviv.

In bester Nachbarschaft

Apropos Dichter. Chaim Bialik ist Israels Nationaldichter, war aber viel mehr als ein Poet: Er galt als Leitfigur sowohl in moralischen Fragen als auch in der Diskussion, was die zukünftige Nationalidentität angeht. Die Straße mit seinem Wohnhaus war schon zu Lebzeiten nach ihm benannt. An Bialiks Gartentor hing ein Schild, auf dem die Besuchszeiten standen. Heute befindet sich in dem Haus mit dem hölzernen Erker ein **Museum** 3. Das ungewöhnliche Design sollte einen neuen ›Hebräischen Stil‹ einführen – östlicher Charme gepaart mit westlicher Klarheit. Innen überraschend knallige Wandfarben, Keramikkacheln und die von Bialik gedichteten Kinderbücher!

Am Bialikplatz steht das alte Rathaus, in dem Tel Avivs erster Bürgermeister saß und das heute ein kleines **Stadtmuseum** 4 ist. (Bialik soll hier einmal in eine Sitzung geplatzt sein, um sich über das schlechte Hebräisch seiner Steuernachforderungen zu echauffieren.)

R
RUBIN

In dem dschungelartigen Vorgarten neben dem Bialik-Haus lebte der Maler und Stadtchronist **Reuven Rubin** – heute ebenfalls ein **Museum** 5. Nach der Staatsgründung 1948 bat Ben Gurion ihn, Botschafter in Rumänien zu werden. »Ich kenne mich mit dem Botschaftersein nicht aus«, soll Rubin geantwortet haben. »Ich bin ein Maler.« Gegen Ben Gurions bestechende Logik hatte er keine Chance: »Ich weiß auch nicht, was es bedeutet, Ministerpräsident zu sein.«

UM DIE ECKE

Die Schlange vor **Itzik und Ruthie's** 3 Sandwichladen ist bereits um 5 Uhr morgens lang. Aber es fühlt sich einfach zu heimelig an, von einem alten Ehepaar ein Brot belegt zu bekommen, mit perfekten Alkoholantipoden wie Hering, Zucchinisalat, braunen Zwiebeln oder scharfen Karotten.

Bauhaus und Brutalismus – **von Dizengoff-Platz bis HaBima-Theater**

11

Sie fragen sich, wer auf die Idee gekommen ist, diesen Verhau aus Baustellen und Bausünden oder mit roh verputzten Rissen dekorierten Fassaden die ›Weiße Stadt‹ zu nennen? Und dafür sogar einen Platz auf der Weltkulturerbeliste der UNESCO einzuheimsen? Keine Sorge, Sie haben nicht zu viel Sonne erwischt: Die Weiße Stadt mit ihrer Bauhaus-Architektur ist nicht so einfach zu verorten.

Um die 4000 Gebäude verteilen sich über die City. Die meisten jedoch sind schwer vom Klima angegriffen und bestenfalls grau. Die Renovierungskosten leisten sich Hausherren nur, wenn sie dafür ein

Moderne mit Hund: leichtfüßige Hochkultur auf dem Habima Platz

Das Cinema Hotel ist das Strebergebäude am Dizengoff-Platz: strahlend weiß, Flachdach und Pfahlvorbau – ein Musterexemplar des Bauhaus-Stils.

oder zwei Stockwerke draufsetzen dürfen.

Ein wenig irreführend ist der Begriff ›Bauhaus‹ sowieso. Zwar waren es tatsächlich deutsche Architekten, die mit der Einwanderungsflut der Dreißiger einen neuen Stil nach Palästina brachten – Wörter wie Wasch- und Kratzputz zeugen davon. Und einige hatten unter Walter Gropius oder Ludwig Mies van der Rohe in Dessau studiert. Aber ebenso waren überzeugte Corbusianer unter den Stilgebern. Deswegen – und natürlich auch wegen des Widerwillens, nach dem Holocaust jede Art von Deutschtümelei zu übernehmen – sprach man lange vom ›internationalen Stil‹.

S
SKULPTUR

Die drei aufeinander balancierenden **Eisenscheiben** auf dem HaBima Square stammen vom verstorbenen Bildhauer **Menashe Kadishman.** Für die Skulptur **»Uprising«** hat er 1995 den renommierten Israel Preis bekommen. Der egalitäre Umgang mit Kunst scheint den Israelis ins Blut übergegangen zu sein: 2015 packte eine NGO zwei der Scheiben in einen pinken BH, um Frauen an die Brustkrebsvorsorge zu erinnern. So nobel die Intention, in der Kunstwelt war man doch pikiert – oder fand den pinken BH schlicht sexistisch.

Form follows Hitze

Das Prinzip ›form follows function‹ wurde an die Bedürfnisse der Wüstenstadt angepasst. Die Häuser standen auf sogenannten Pilotis, um für Belüftung zu sorgen. Statt Fensterfronten wurden Lichtleisten oder Bullaugen gesetzt. ›Schürzen‹ an den Balkonen sorgten für Schatten, Schlitze verbesserten die Luftzirkulation. Flachdächer dienten als gemeinsamer Aufenthaltsraum für heiße Sommernächte.

Ursprünglich wurden die Appartementblocks nämlich als Kooperativen verwaltet, mit Wäscherei, Postamt und Kindergarten; ganz im Spirit der Kibbutzim auf dem Land. Der neue Stil stand für die neue egalitäre Gesellschaft. Kein Geschnörkel mehr, sondern funktionaler Wohnraum. Mal kubistisch, mal gerundet wie ein Schiffsbug, und immer weiß gestrichen. Die ›White City‹ war Sinnbild des nationalen Neuanfangs.

Ein guter Ausgangspunkt für eine Bauhaussafari ist der **Dizengoff-Platz.** Architektin Genia Averbuch war gerade mal 25 Jahre alt, als sie den Zuschlag erhielt, ihn zu gestalten. Während die Stadt gerade dabei ist, das Rondell in seine ursprüngliche Form zu bringen, gehören die Häuser, die es umkränzen, zur Vorzeigegarde der ›Weißen Stadt‹. Jedes Gebäude wurde von einem anderen Architekten entworfen, trotzdem bilden sie eine ästhetische Einheit.

Let's ›lehisdangef‹!

Besonders elegant schmiegt sich das **Cinema Hotel** 1 in die Runde. Wenn man sich den verglasten Aufbau wegdenkt, hat man das alte Ester Kino vor sich – und die Essenz des Tel Aviver Bauhaus-Stils: strahlend weiß. Flachdach und Pfahlvorbau. Die Front durchbrochen von langgezogenen Balkonen mit geschlitzten Balustraden.

Die Dizengoff Street, in der heute nur noch die Brautkleider in den Schaufenstern etwas Glamour verströmen, galt bis in die Siebziger als Israels angesagteste Straße. Ein ›Dizengoff Street Girl‹ war ein It-Girl! Israelische Bohemians mit ihrer Lust an Wortneuschöpfungen sprachen von ›lehisdangef‹, wenn sie auf der Dizengoff abhingen. Mit der Eröff-

INFOS/ÖFFNUNGSZEITEN

Cinema Hotel 1: Zamenhoff Street 1
Thermometer Haus 2: Froug Steet 5
Alte Klinik 3: Bellinson 8
Kaufmann-Haus 4: Yael Street 3
Bronfman Auditorium 5: Huberman Street 1, www.ipo.co.il/en/
HaBima-Theater 6: Tarsat 2 Street, viele Stücke werden simultan auf Englisch übersetzt, Infos: T 009 72 36 29 55 55, sherut@habima.org.il

ORIENTALISCHE LECKERBISSEN FÜR DIE BALANCE ZUR WESTLICHEN IDEOLOGIE

Restaurant La Shuk 1: Dizengoff Street 92, www.la-shuk.co.il, So–Do 17–0, Fr/Sa 12–0.30 Uhr
Falafel HaKosem 2: Shlomo Ha-Melech Street 1, T 009 72 35 25 20 33, So–Do 9–0, Fr 9–16 Uhr, Sa geschl.

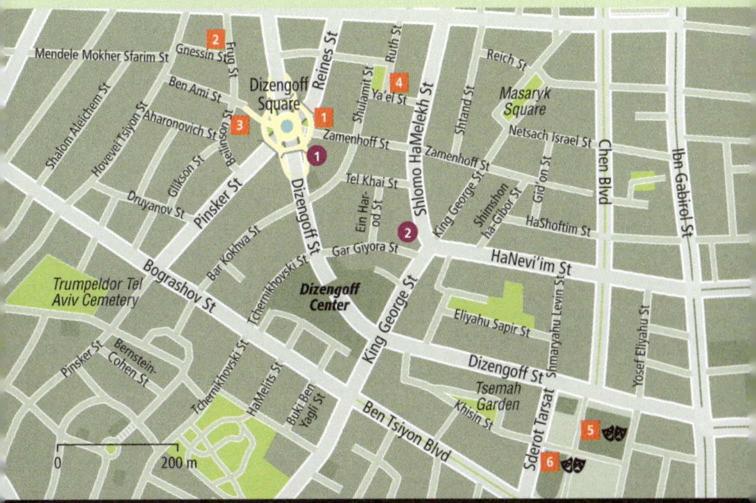

Cityplan: F/G 8/9

nung der seelenlosen Dizengoff-Mall jedoch verlor die Straße ihren Glanz.

Schnitzeljagd

Stattdessen also lieber in den Straßen drumherum nach ikonenhaften Häusern Ausschau halten! Wodurch das **Thermometerhaus** 2 seinen Namen erhalten hat, ist unschwer zu erkennen: Eine Leiter aus dreieckigen Betonplatten entschärft das Licht im Stiegenhaus. Die **alte Klinik** 3, heute ein Kabbalah-Zentrum, passt sich samt markantem Balkon bogenförmig dem Straßenverlauf an. Das **Mietshaus** 4 von **Oskar Kaufmann** thront auf einem Treppenpodest. Ein Seitenhieb auf die Stadtvillen der Zwanziger?

Beim Design des **Bronfman Auditorium** 5 versuchten die Architekten, die Werte einer egalitären Gesellschaft zu verkörpern. Der Konzertsaal ist Heimat der Philharmoniker – und Hochkultur galt es zu demokratisieren. Zwar wurde das Gebäude erst 1957 eröffnet, wird aber ebenfalls zum Erbe der ›Weißen Stadt‹ gezählt. Der ›Platz der Kultur‹, auf dem sich auch das **HaBima-Theater** 6 befindet, ist heute selbst ein Kunstwerk. Wenn man im tiefergelegten Blumenbeet sitzt, hat man tatsächlich die Illusion einer fruchtbaren Oase im Beton.

Nicht alle sind glücklich mit der Mystifizierung Tel Avivs zur ›Weißen Stadt‹. Der Architekt Sharon Rotbard kritisiert den Begriff als konstruierte Antithese zur ›Schwarzen Stadt‹, also Jaffa und dem vernachlässigten Süden. Damit hebe sich die »White City« als »architektonische Meisterleistung« gegen den »primitiven Orient« ab. Während Jaffa seine Geschichte verlor.

Klassiker! Das Blumenbeet ist nicht nur hübsch, sondern hat auch einen eigenen Sound.

P
PREMIERE

Zeit für eine kurze Reise in den Herbst 1939: Über dem Eingang des **Ester Kinos** hat ein Maler die Ankündigung für die Premiere an die Wand gepinselt: **Disneys Schneewittchen und die Sieben Zwerge.** Tausend Wüstensiedler drängen in die erste Vorstellung des modernsten Lichtspielhauses der jungen Stadt. Drumherum: Theater, Cafés, Restaurants und das ›Eckmann‹, das erste Kaufhaus der Stadt.

→ UM DIE ECKE

Ins **Cinema Hotel,** das ehemalige **Ester Kino,** sollten Sie unbedingt auch reingucken: Drinnen herrscht Ballhaus statt Bauhaus! Die Besitzer **Moses und Ester Nathaniel** waren Kaufleute aus dem Jemen, die – kaum nach Israel eingewandert – in die unterschiedlichsten Geschäfte investierten. Man nannte sie ›die Rothschilds des Ostens‹. Die Vitrinen sind mit Fotos und Erinnerungen an die Glanzzeit des Kinos gefüllt.

Keine Geschmacksfrage – **rund ums Tel Aviv Museum of Art**

12

Kunstgeschichtlich ist Tel Aviv in der Moderne geboren. Der unfertige Charakter der Stadt bot eine Leinwand, die es nur noch zu bespielen galt. Kreative Köpfe gab und gibt's genug: Ihr aller Mutterschiff ist das Tel Aviv Museum of Art.

Eine richtige Stadt brauche ein Kunstmuseum, befand Meir Dizengoff, und zog sich nach dem Tod seiner Frau in den ersten Stock seines Hauses auf dem Rothschild Boulevard zurück, um Platz zu machen für eine Sammlung, die 1936 immerhin schon 350 Gemälde, 70 Skulpturen sowie 4000 Aquarelle und Zeichnungen zählte. Chagall, Monet, Picasso und Van Gogh, große

Ein Kunstwerk für sich: das gezwirbelte Atrium mit seinem 27 Meter tiefen ›Lightfall‹

Namen waren darunter. Bevor Ben Gurion zwischen diesen Kunstwerken die Unabhängigkeitserklärung verlas, verhängte man jedoch noch schnell die Aktgemälde.

Sammlung und Räumlichkeiten wuchsen mit der Stadt. 1959 wurde der **Helena-Rubinstein-Pavillon** eröffnet, 1971 das jetzige Hauptgebäude hinter dem Habima Square und 1999 kam der **Skulpturengarten** dazu. Das Schmuckstück aber stellt das 2001 eröffnete **Herta and Paul Amir Building** 1 dar: Der allgegenwärtige Beton, im Bauhaus funktional, im fiebertraumartigen Busbahnhof beinahe menschenfeindlich, faltet sich hier in Form von 465 Platten unterschiedlicher Formen und Größen zu einem grazilen Origami-Gebilde. Der Entwurf stammt von Preston Scott Cohen, der die Harvard University Graduate School of Architecture leitet.

Damit löste er die Herausforderung, ein ›eigenwillig‹ geformtes, dreieckiges Grundstück mit großzügig wirkenden, rechteckigen Galerien zu füllen. Der Besucher bewegt sich auf geschwungenen Ebenen rund um ein in sich gedrehtes, lichtdurchflutetes Atrium. Die hauseigene Brasserie **Pastel** 1 galt 2014 als bestdesigntes Restaurant der Welt: Die Origami-Fassade scheint hier ins Innere gezogen und weiß überlackt.

Da war doch noch was ...

Sie sind eigentlich wegen der Kunst hergekommen? Nicht umsonst! Als Highlight gilt die **(post-) impressionistische Sammlung** im Hauptgebäude. Das ist, typisch Moderne, klar und übersichtlich gestaltet, lenkt also nicht ab von Cézanne, Matisse oder Renoir.

Aber auch die **israelische Gegenwartskunst** ist spannend. Oft bricht sie die Zerrissenheit zwischen Alltag und Konflikt besser herunter als jede politische Abhandlung. Bei aller zur Schau gestellten Liberalität gibt es jedoch Grenzen. Die Ausstellung von **Ai Weiwei** zum Thema Flüchtlingslager wurde bereits mehrmals verschoben. Grund: Es sollten Porträtfotos von 3000 Palästinensern gezeigt werden.

Dabei hat Protestkultur spätestens seit 1973 Tradition. Zuvor war die Nation berauscht vom unerwarteten Sieg im 6-Tage-Krieg. Aber der Jom-Kippur-Krieg traumatisierte die Israelis, zerstörte

K
KONTRAST

Die Sderot Sha'ul HaMelech führt weiter zum **Volvovski Karni Park** 2. Hier stehen immer noch ein paar Zelte samt Bewohner, die übrig sind von den Protesten 2011, als sich Tel Aviv gegen Lebensmittelpreise und teure Mieten erhob. Auf der anderen Seite der Straße dagegen liegen in bester Ironie Konsumtempel: die Mall im **Azrieli-Turm** 1 und die ehemalige deutsche **Templer-Kolonie Sarona** 2. Sie wurde zum 100. Geburtstag der Stadt restauriert und mit dem üblichen Allerlei von Geschäften aufgefüllt. Tatsächlich kann man im fancy Foodmarket daneben sehr gut essen.

INFOS/ÖFFNUNGSZEITEN

Herta and Paul Amir Building 1: Sderot Sha'ul HaMelech 27, www.tamuseum.org.il, Mo/Mi/Sa 10–18, Di/Do10–21, Fr 10–14 Uhr, So geschl., 50 NIS

Brasserie Pastel 1: Sderot Sha'ul HaMelech 27, www.pastel-tlv.com/english, tgl. 12–0 Uhr

Azrieli Mall 1: Derech Menachem Begin 132, So–Do 9.30–22, Fr 9.30–15, Sa 20–23 Uhr

Sarona Market 2: Aluf Kalman Magen St 3, Sa–Do 9–23, Fr 8–18 Uhr

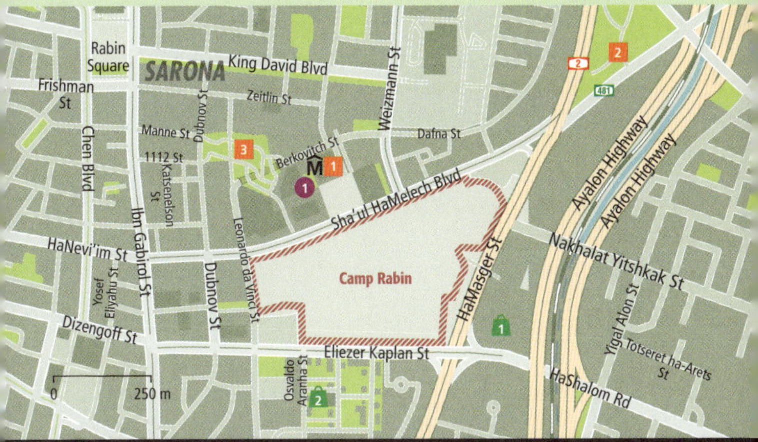

Cityplan: H/J 8–10

die Illusion der Unbesiegbarkeit – und weckte die Friedensbewegung zum Leben.

Der Bildhauer **Menashe Kadishman,** heute vor allem für seine bunten Schafskopf-Serien bekannt, hat den Vertrauensverlust in den Staat in einer dreiteiligen Eiseninstallation aufgearbeitet, die vor dem Hauptgebäude zu sehen ist. Sie heißt »die Opferung Isaaks« und bezieht sich auf die Bibel. Gott fordert von Abraham Gehorsam: Er soll seinen einzigen Sohn töten. Abrahams Ziel, ein Volk zu gründen, wäre damit passé. In letzter Sekunde verhindert Gott das Opfer. Kadishmans Aussage: Auch der israelische Staat forderte 1973 das Opfer seiner Kinder. Im Gegensatz zu Gott ließ er sie in den Tod laufen.

Fältel-Fassade: Auch Skater stehen auf Beton in 3D.

UM DIE ECKE

Wer ein bisschen Natur braucht nach so viel Kultur findet gleich nebenan den beliebten **Dubnov Park 3.**

13

Platz der verlorenen Hoffnung – **Rabin Square**

Schön ist er nicht gerade – doch der Rabin Square ist das beste Beispiel dafür, dass Tel Aviv zwar »keine Geschichte hat, dafür Geschichte macht«. Und dafür, dass keineswegs alle Städter in einer Blase leben, an der die große Politik einfach so abprallt. Der Rathausplatz der Hedonistenmetropole ist zum Platz der Stimme(n) der Nation geworden. Und damit leider auch zur Trauerstätte um den Frieden ...

So großartig die Visionen für Tel Aviv waren, praktisch handelte es sich zunächst einmal um eine vorgelagerte Nachbarschaft von Jaffa. Erst mit der offiziellen Abnabelung 1925 brauchte es ein eigenes Rathaus. Bürgermeister Dizengoff suchte sich ein repräsentatives Gebäude aus, das eigentlich als Hotel gedacht war. Dass es neben dem Wohnhaus des hoch geachteten Dichters Chaim Bialik

Vor dem Rathaus: Erinnerung an das Unaussprechliche, aber auch Sinnbild für den Neuanfang

lag, passte zur Idee der ersten »hebräischen« Metropole.

Aber mit der rasant wachsenden Stadt wurde das Rathäuschen zu klein; überhaupt fehlte ein visueller Referenzpunkt, der ihr Gewicht verleiht. Ein würdiger, monumentaler Platz, wie ihn die Städter aus Europa kannten.

»Platz der Könige Israels« sollte er heißen, im geografischen Zentrum der Stadt liegen und 80 000 Leute fassen: Nach der Bauhaus-Welle der Dreißiger setzte man beim Rathaus auf einen klotzigen Entwurf der brutalistischen Fünfziger. Dass 1975 statt des ursprünglich geplanten Denkmals für die gefallenen Israelis im Unabhängigkeitskrieg ein **Holocaust-Mahnmal** 1 aufgestellt wurde, zeigt, wie sich das Verständnis der nationalen Identität gewandelt hatte. 25 Jahre zuvor, zur Staatsgründung, waren keineswegs alle glücklich darüber, die Überlebenden der Shoah als Neubürger zu empfangen. »Schwache Juden, die sich wie die Schafe zur Schlachtbank führen ließen.« Erst nach dem Eichmann-Prozess, als Zeugen das erste Mal öffentlich über das Unaussprechliche sprachen, änderte sich die Sicht auf die Überlebenden.

Die Skulptur von Igael Tumarkin trägt den Titel »Holocaust und Wiedererwachen«. Der Holocaust, in dem ein Drittel der jüdischen Weltbevölkerung getötet wurde – und die Wiederauferstehung des jüdischen Volkes als Nation mit der Gründung des Staates Israel.

Während der Tel Aviv Pride zeigt sogar das Rathaus die Regenbogenflagge.

Hoffnung, Basketball und Kampffeld

Zwei Pyramiden symbolisieren diese existenziellen Ereignisse: Die kleinere trägt die große. Letztere steht auf der Spitze. Von oben betrachtet bilden sie einen Davidstern. Der Raum innerhalb des Monuments ist eng wie eine Gefängniszelle. Aber wer nach oben blickt, sieht dem Himmel und der Hoffnung entgegen.

Die beinahe sakrale Aura des Rabin Square aber entstand über die Jahre dynamisch aus den Ereignissen, die sich hier abspielten. Unvergessen ist die spontane Feier 1977, als die Basketballer von Maccabi das erste Mal in der Vereinsgeschichte einen dramatischen Sieg im Finale des Europa-Cups hinlegten. Doch nach dem Trauma des Jom Kippur-Kriegs und dem Erstarken der Friedensbewegung gab es hier vor allem politische Demos.

Bei der jährlichen Wasserschlacht verflüssigen sich politische Fronten.

Als die Linken im September 1982 während des Libanon-Kriegs, nach dem Massaker in einem palästinensischen Flüchtlingslager, den Rücktritt der Regierung forderten, sollen sich 400 000 Leute auf dem Platz versammelt haben. Erst Jahre später kam heraus, dass der Journalist der linksliberalen Zeitung Haaretz heillos übertrieben hatte. Aber die Zahl hatte sich in den Köpfen festgesetzt, wurde zu einem magischen Kampfruf. Auch die Rechten begannen den Platz zu instrumentalisieren, zeigten hier 1992 zum Beispiel Solidarität mit den Siedlern im Golan – ein Hieb gegen die neue Rabin-Regierung. Der Platz wurde zum symbolischen **Austragungsort des Konflikts** zwischen der israelischen Linken und der Rechten, zwischen den Befürwortern einer **Zwei-Staaten-Lösung** mit Palästina – und der Meinung, dass Israel sich weiterhin aufs Härteste gegen die feindlichen arabischen Nachbarn behaupten müsse. Wie sehr die Gesellschaft bereits gespalten war, zeigte sich am 4. November 1995 während der Verhandlungen von Oslo.

Vom Traum zum Trauma

Nach einer Demo der Linken wurde Ministerpräsident **Jitzchak Rabin,** der wichtigste Fürsprecher im Friedensprozess, auf dem Weg vom Sprecherpult zum Parkplatz erschossen – der Schütze war Jigal Amir, ein rechtsextremer, fanatisch religiöser Jura-Student.

In der folgenden Woche wurde der Platz zum nationalen **Mekka der Linken.** An Freitagnachmit-

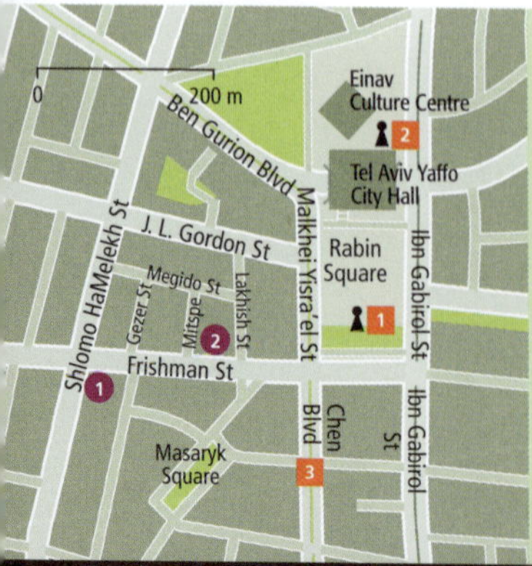

KULINARISCHES FÜR ZWISCHENDURCH

Shine ❶: Shlkomo HaMelech, T 009 72 35 27 61 86, So–Do 8–23.30, Fr 8–17, Sa 9.30–23.30 Uhr. Leckere Pizzen!

Lilush ❷: Frishman Street 73, T 009 72 35 29 18 52, So–Do 8.30–12, Fr 8.30–5, Sa 9–12 Uhr. Suppen und Panini in gemütlicher Atmosphäre.

Cityplan: G/H 8

Ein Stück Welt aus den Fugen geraten – die Steine an der Stelle von Rabins Ermordung

tagen versammelten sich hier selbsternannte Friedenswächter. Wegen der vielen Kerzen, die immer wieder umarrangiert wurden, zu Herzen, Davidsternen oder Rabins Namen, hießen die jugendlichen Trauernden ›Noar HaNerot‹, Kerzen-Jugend. Vor allem aber mehr oder weniger gelungene Graffiti zeugten von der Fassungslosigkeit. Ein Kunstkritiker sprach gar von einer neuen Ästhetik der Trauer. Einige der Graffiti sind hinter Glas bewahrt. Schließlich wurde an der Stelle der Ermordung ein Monument aus **16 Basaltsteinen** 2 errichtet, und der Platz in Rabin Square umbenannt. Seitdem gilt er als Bastion der Linken und zur Erinnerungsfeier 1997 haben sich tatsächlich 200 000 Trauernde versammelt, immerhin die Hälfte der geschummelten Demonstrantenzahl von 1982.

Fröhlich wurde es auf dem Rabin Platz erst 1998 wieder, damals jubelte die LGBT-Community ihrer Galionsfigur, der transsexuellen **Dana International** zu, die mit dem Song »Diva« den Eurovision Song Contest gewonnen hatte.

All diese Ereignisse schwingen mit im kollektiven Gedächtnis Tel Avivs. Welch traurige Ironie, dass der Erfolg des Platzes als öffentlicher Raum seinen Höhepunkt in einer nationalen Tragödie fand!

Trotzdem wird nicht alles so ernst genommen, was hier passiert: Zum Beispiel die sommerlichen Kissenschlachten oder Wasserpistolenkriege, bei denen gern mal 5000 Leute über den Platz rennen wie die kleinen Kinder.

Das Street-Art-Stencil mit Herzls bärtigem Kopf ist omnipräsent in den Straßen Tel Avivs. »Wenn ihr wollt, ist es kein Märchen«, soll er gesagt haben. Stattdessen steht da: »Wer nicht will, muss nicht.« Was in Florentin nach rotziger Absage an den Zionismus klingt, wird hier auf dem Platz zur bösen Mahnung an ein Volk, das seinen Traum vergessen hat.

UM DIE ECKE

Die **Sderot Chen** 3 ist der ruhigste und schattigste Boulevard der Stadt. Hier gibt es keine hippen Cafés oder interessanten Bauhäuser, dafür säumen ihn chinesische Feigen mit Luftwurzeln umrankten Stämmen. Wenn ihre Früchte reif sind, flattern Wolken von Flughunden durch die Straße.

14

Ein Hauch Europa im Orient – **der Alte Norden und ein neuer Hafen**

Der Alte Norden ist eigentlich ein recht junger Norden, denn Tel Aviv ist vom Süden aus auf seine heutige Größe angeschwollen. Das Viertel wurde teils erst in den Vierzigern erschlossen und erstreckt sich vom Rabin Square bis zum Yarkon River.

Die Nord-Süd-Frage spaltet die Tel Avivis in zwei Lager: Ursprünglich galt der Norden als links-liberal-akademisch-aschkenasisch, der Süden als orientalisches Tohuwabohu der rechtswählenden Unterschicht. Je hipper und jünger der Süden wird, desto konservativer wirkt nun der Norden. Man sei sich zu fein, sich mit dem arabischen Jaffa oder den Einwanderern von Neve Sha'anan abzugeben, wird den ›Zfonbonim‹, den ›Bonbons‹ aus dem Norden (Zafon) unterschwellig vorgeworfen.

Volle Fahrt voraus! An den Hafen erinnern auf der Promenade nur noch die Schiffsplanken.

INFOS/ÖFFNUNGSZEITEN

Ben Gurion Haus 3: Ben-Gurion Boulevard 17, So/Di/Mi/Do 8–15, Mo 8–17, Fr 8–13 Uhr, Eintritt frei

---

RUNDUM GLÜCKLICH, RUNDUM SATT

Beit Hanna 1 **& Eats Cafeteria** 1**:** Ben Gurion Boulevard 75, So–Do 7–22, Fr 7–14, Sa 6–23 Uhr

Cityplan: F/G 5–7

Die Nordlichter wiederum schwärmen vom familienfreundlichen Klima und der Nähe zum Park. Am Besten lässt sich der nordische Spirit rund um die **Basel Street** 1 schnuppern. Hier gibt es all die schicken Cafés, Eisdielen und Boutiquen, für die sich die ›verwöhnten Zfonbonim‹ verspotten lassen müssen. Ganz zeitgemäß ist das alles in der Ära von Clean-Eating und Co-Working natürlich nicht mehr. Deswegen pilgert man seit neustem in den Rundum-glücklich-Tempel im **Beit Hanna** 1. Das renovierte Bauhaus-Gebäude mit dem Open-Air-Holzdeck wurde zum Community Center 3.0 upgedatet. Von Pilates und Meditation über Networking und Musik-Jams bis hin zur **Eats Caféteria** 1 mit Ottolenghi-inspierter Küche offeriert das Haus alles, was der Lifestyler verlangt. Ältere Anwohner kennen das Beit Hanna noch aus der Zeit, als sich hier das Apropo Café befand. Zwanzig Jahre ist es jetzt her, dass sich ein palästinensischer Selbstmordattentäter am Eingang in die Luft sprengte und drei junge Frauen mit in den Tod riss.

C
CANNABIS

Den ›sauberen‹ Ruf des Viertels nutzt auch die florierende **medizinische Cannabis-Industrie.** Apotheke wie Headshop vom größten Anbauer »Tikum Olam« (Heilung der Welt) befinden sich mitten auf der gutbürgerlichen Ibn Gabirol Street zwischen Cafés und Boutiquen.

Von Hochstaplern und Tieffliegern

1938 baute Tel Aviv zwar einen eigenen Hafen, aber mit der Fertigstellung des moderneren Ports in Aschdod wurde das Areal vor der Mündung des Yarkon-Flusses zum Containerlager. Erst in den 2000ern erkannte die Stadt das Potenzial und gestaltete den letzten Zipfel der Promenade in eine Amüsiermeile um, mit Restaurants, Klamottenläden und Bars: den **Namal** 2. Die Holzplanken am Boden werfen sich hier geschmeidig zu Hügeln und Wellen auf: perfekter Spielgrund für bodennahe Kindergefährte.

Am Namal dreht sich alles ums Vergnügen.

Wie so oft im jungen Tel Aviv harrt die Geschichte auch hier noch ihrer Wiederentdeckung. Wo sich heute der Parkplatz befindet, wurde 1934 die viertgrößte Expo der Welt abgehalten, die **»Orient-Messe«.** Die Weichen schienen gestellt, um Tel Aviv als führende Handelsstadt im Nahen Osten zu etablieren. Platz und Pavillons wurden von den renommiertesten Architekten gestaltet – und natürlich im angesagten ›internationalen Stil‹, dem Tel Aviver Bauhaus. Die Halbinsel zwischen Meer und Fluss fasste 821 ausstellende Firmen aus 23 Ländern, einen Vergnügungspark und Skulpturen wie den **»Hebräischen Arbeiter«,** eine Art-déco-Figur, die jetzt ziemlich verloren herumsteht.

An der Wand eines der Pavillons sieht man immer noch das Relief des Tempels im libanesischen Baalbek. Es zeugt von den freundschaftlichen Beziehungen, die Libanon und Israel damals pflegten. Die nächste Messe war bereits überschattet vom Arabisch-Jüdischen-Konflikt. Und kurz darauf brach der Zweite Weltkrieg aus.

Vielen Tel Avivis ist die Promenade zu touristisch, aber einmal sollte man über die Brücke zum innerstädtischen Flughafen spazieren, ultraorthodoxen Familien zugucken, wie sie mit fliegenden Mänteln auf den grünen Citybikes der Hitze entkommen zu suchen, und sich ducken, wenn die Flugzeuge einem scheinbar auf dem Kopf landen wollen. Außerdem: perfekte Joggingstrecke!

UM DIE ECKE

Wer sich überzeugen will, wie bescheiden und belesen Staatsgründer David Ben Gurion in seiner Tel Aviver Zeit gehaust hat, sollte einmal ins **Ben-Gurion-Haus** 3 gucken.

Die Grüne Lunge der Wüstenstadt – **der HaYarkon-Park**

#15

So endlos sich der Strand vor der Küste erstreckt – etwas scheint auf den ersten Blick im Stadtbild zu fehlen: schattige Naherholung. Dabei hat sogar die ›Wüstenstadt‹ Tel Aviv seit 1973 eine grüne Lunge. Und die ist ziemlich gigantisch. Der Yarkon Park umfasst den Fluss im Norden der Stadt, breitet sich auf der Ostseite über 380 Hektar aus und bietet allerlei Aktivitäten von Volkstanz zur Vogelbeobachtung.

Gleich vorab: Schwimmen ist keine davon. Das Wasser des Yarkon ist im Stadtgebiet leider ziemlich brackig. Daran wird allerdings in den letzten Jahren gearbeitet. (Bürgermeister Ron Huldai ist schon 2011 beherzt hineingesprungen, um die Güte der Wasserqualität zu beweisen.)

Zum Schwimmen lädt das Wasser des Yarkon nicht ein, wohl aber zum Paddeln!

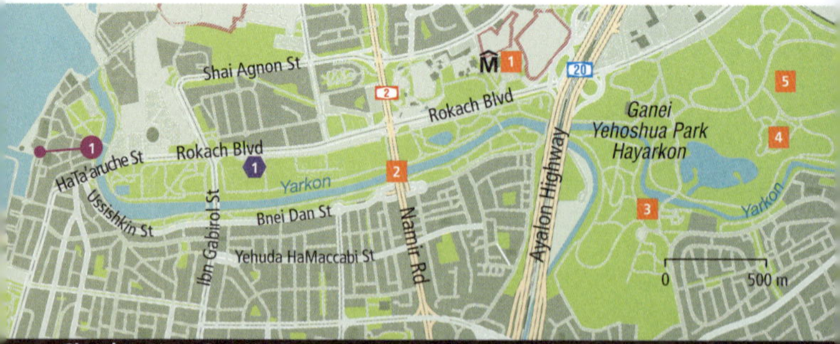

Cityplan: Karte 3, J–N 4/5

INFOS/ÖFFNUNGSZEITEN

Der Park selbst ist größtenteils rund um die Uhr geöffnet, einige Attraktionen von April bis September tgl. 8–17 Uhr, Oktober bis März tgl. 8–16 Uhr. Eintritt für Erwachsene 27, für Kinder 14 NIS, www.park.co.il/en/.

Rabin Center 1: Haim Levanon Street 8, www.rabincenter.org.il, So/Mo/Mi 9–17, Di/Do 9–19, Fr 9–14 Uhr, 50 NIS

KULINARISCHES FÜR ZWISCHENDURCH

Shuk HaNamal 1: Nemal Tel Aviv St 12, Sa/Mo–Do 9–20, Fr 7–17, So 9–14 Uhr

HARMONISCHE BEWEGUNGEN

AcroYoga: Treffen auf: www.facebook.com/groups/israelacrocommunity/
Sportek 1

Dafür gibt es im Westen die **Sportek** 1 mit ihren Basketballfeldern – und die gehören an Samstagvormittagen nicht den Dunkern, sondern den Dancern. Der israelische Volkstanz (Rikudei Am) wurde der Legende nach 1944 in einem Kibbutz geboren, vereint Einflüsse von der bulgarischen Hora zur arabischen Dabka und Elemente wie den chassisidischen Schritt. Ein wildes Potpourri also, im Fokus steht Geselligkeit.

Geologen eine Augenweide, allen anderen ein lauschiges Plätzchen: der Felsengarten

Noch kontaktfreudiger geht es beim **AcroYoga** zu. Die Pärchen sieht man überall an der Küste im Gras oder Sand liegen, bei den offenen Treffen im HaYarkon Park können Anfänger einfach dazustoßen und lernen, entweder einen ›Flieger‹ auf den Füßen zu balancieren oder sich von der menschlichen ›Base‹ um die eigene Achse lupfen zu lassen.

Weniger harmonisch dagegen stellt sich die israelische Seele im **Rabin Center** 1 dar. Die Ausstellung feiert nicht nur das Leben des Premiers, sondern erläutert auch die Umstände, die zu seinem Mord führten: auf der einen Seite der Konflikt innerhalb der Gesellschaft, auf der anderen entscheidende Ereignisse in der Weltgeschichte.

Stachlig wie ein Israeli

Wer an Sommerabenden auf der **Brücke** 2 steht, wundert sich vielleicht über die Vogelwelt Israels. Exotisch ist die zwar tatsächlich, und der Park gehört zu einem der besten Spots für Beobachter, aber Halsbandsittiche zählen nicht zu den indigenen Arten: In den Baumkronen haben Haustiernachfahren ihre Schlafplätze gefunden.

Im Ostteil auf der Höhe einer Fußgängerbrücke nahe am See wird es besonders lauschig und die Vogelwelt besonders bunt, außerdem findet man hier die Überreste von sieben antiken **Getreidemühlen** 3 unter den Eukalyptusbäumen.

Die ungewöhnlichste Attraktion im Park ist der **Felsengarten** 4: Gesteinsbrocken spiegeln Israels geologische Vielfalt wider, während gut 2,5 Hektar mit Kakteen als surreales Stachelwäldchen aufwarten. In Israel pflegt man eine besondere Beziehung zu ihnen: Eingeborene Bürger werden als ›Tzabarim‹ (Kaktusfeigen) bezeichnet, außen stachlig, innen süß. Der Begriff tauchte in den Dreißigern das erste Mal auf. Der Tzabar war Kibbutz-Arbeiter, sprach astreines Hebräisch und kämpfte zu seiner Selbstverteidigung. 2015 waren bereits 75 Prozent der jüdischen Bevölkerung im Land geboren.

Der Bildhauer Itzhak Danziger ist nicht in Israel auf die Welt gekommen, sondern in Berlin. Mit seiner wichtigsten Arbeit »Nimrod« erregte er 1939 ordentlich Aufsehen: ein biblischer Held, nackt und unbeschnitten! Aber schließlich fand Danziger damit sowohl in Israel als auch im Ausland große Anerkennung. Die Skulptur befindet sich heute im Israel-Museum in Jerusalem.

Unverfänglicher ist Danzigers **Serpentine** 5 im Park hinter dem Felsengarten. Eine weiße Welle aus Beton, 3,70 Meter hoch, im grünen Gras. Je nach Perspektive und Tageszeit ändert sich die Gestalt der Skulptur. Eine schöne Aufforderung mit dem Park zu interagieren – wie die Tel Avivis.

UM DIE ECKE

Picknickproviant gibt es im Shuk HaNamal, Hangar 12, dort wo der Fluss ins Meer spült. Zum Beispiel Fischsandwiches, frisches Obst und eine Flasche Wein. www.shukhanamal.co.il/english/

Mick Jagger & Co. rockten 2014 vor 50 000 Israelis den HaYarkon Park.

B
BOYKOTT

Dass selbst der Freizeit- und Kulturbetrieb nie von der Politik verschont bleibt, zeigt sich regelmäßig, wenn Musiker ihre Konzerte im Park an- oder absagen. Michael Jackson, die Rolling Stones, Depeche Mode, die Red Hot Chili Peppers, Lady Gaga, Britney Spears und Radiohead – sie alle sind hier aufgetreten. Und mussten sich von den Befürwortern der BDS-Kampagne scharf kritisieren lassen. Mit dem Boykott erhofft sich die Bewegung, genug Druck auf Israels Politik auszuüben, um die Besatzung und Besiedlung Palästinas zu beenden.

EINTRITTSKARTEN *in eine andere Welt*

... Tel Avivs kleine Schatzkistchen und Galerien sind hauptsächlich dem Leben im Hier und Jetzt zugewandt, wie seine Bewohner. Hier meine Favoriten.

UND JETZT ENTSCHEIDEN SIE!

Matkot-Museum
geöffnet, wenn Amnon Nisim zu Hause ist; Shabazi Street 61, T 009 72 35 17 49 08, Eintritt frei

Israelisches Beachball ist mehr als ein Spiel, findet Amnon, ›die Kanone‹. In seiner Wohnung hängen 350 Schläger neben Trophäen und Fotos. Die wahre Attraktion ist er selbst, ein altersloser Beachboy, wie es sie nur in Tel Aviv gibt.

JA NEIN

Karte 2, F 11

Joseph Bau House
Besuch auf Anfrage: Berdyczewski Street 9, Eintritt frei, Spenden willkommen

Joseph Bau galt als Israels Walt Disney und hat angeblich für den Mossad gearbeitet. Im KZ nutzte er sein Talent, um Ausweise zu fälschen und Mutlose aufzumuntern. Seine Hochzeit in der Baracke war Vorbild für »Schindlers Liste«.

JA NEIN

G 10, www.josephbau.com

Nahum Gutman Museum of Art
Shimon Rokach Street 21, So–Mi 10–16, Fr 10–2, Sa 10–3 Uhr

Gutmans Israel ist bunt und idyllisch, ja romantisiert den Zauber des Orients. Nahum galt als ›Freund der Araber‹ und illustrierte Bialiks Gedichte und Kinderbücher. Das Museum zeigt neben Gutmans Werken noch andere Künstler.

JA NEIN

Karte 2, E 11, www.gutmanmuseum.co.il

Chelouche Gallery
Mo–Do 11–19, Fr 10–14, Sa 11–14 Uhr

Kunst von jungen wie etablierten Künstlern gibt's im ›Zwillingshaus‹, das mit seiner neoklassizistischen Fassade exotisch wirkt in der ›Weißen Stadt‹. Im »Buchwurm«-Café kann man gemütlich lesen.

JA NEIN

Karte 2, F 10, www.chelouchegallery.com

Junge Galerien in Süd-Tel-Aviv

Die Nachbarschaft im abgerockten Süden hat sich als Magnet für junge Kunst etabliert, mit um die 100 Galerien und Studios. Zum Beispiel: Raw Art, Indie Gallery oder Dvir Gallery.

F 13, www.rawart-gallery.com, www.galleryindie.com, www.dvirgallery.com

JA NEIN

Museum Eretz Israel

So geschl., Mo/Mi 10–16, Di/Do 10–20, Fr 10–14, Sa 10–16 Uhr, Eintritt 52 NIS

Für Archäologen, Ethno- und Folklorefans! Zum Beispiel geht es um den Kupferabbau im antiken Palästina vor 3000 Jahren. Bei Ausgrabungen wurde immer wieder eine mythische Kultfigur in Form einer Schlange gefunden …

Karte 3, K 4, www.eretzmuseum.org.il

JA NEIN

Spielzeug-Container

Hangar 2, Jaffa Port, Fr 10–16, 10–18 Uhr, Eintritt frei

Alles begann mit der Adoption einer Puppe auf dem Flohmarkt in Jaffa. Bis Benni Jerucham Geld für ein Museum zusammen hat, stellt er seine Sammlung in einem der Hangars im Hafen aus. Wechselnde Ausstellungen.

C 13

JA NEIN

Centre for Contemporary Art (CCA)

Mo–Do 2–19, Fr/Sa 10–14 Uhr, Eintritt 10 NIS

Beschreibt sich selbst als Israels avantgardistischstes Institut für experimentelle Kunst. Performances oder Filme sollen provozieren und inspirieren. Gutes Kontrastprogramm zum ganz und gar bodenständigen Markt dahinter.

Karte 2, F 10, www.cca.org.il/en/

JA NEIN

Design Museum Holon

Mo/Mi 10–16, Do 10–20, Fr 10–14, Sa 10–20 Uhr, So geschl., Eintritt 34 NIS

Genau genommen nicht mehr in Tel Aviv, aber in Berlin wäre es die nächste S-Bahn-Station. Lohnt schon wegen der Fassade von Ron Arad, die sich wie eine gigantische Federspirale gegen die Wohnblocks dahinter abhebt.

Karte 5, B 4, www.dmh.org.il

JA NEIN

Tel Avivs Museumslandschaft

Im ständig nach Luft schnappenden Tel Aviv ist wenig Platz für imposante Museen. Die Großen wie **Beit Hatefutsot, Eretz Israel Museum** oder das **Design-Museum** sitzen deshalb etwas außerhalb. Ausnahme ist das **Tel Aviv Museum,** dessen Sammlung im ehemaligen Bürgermeisterwohnzimmer, der späteren Independence Hall, begann, also eng mit Stadt und Staat verbunden ist: was für eine Symbolik! Ja, Tel Aviv ist definitiv eine Stadt der Kunst und der Künstler. Neben den etablierten Museen sind vor allem die **jungen Galerien im Süden** der Stadt spannend oder wo immer sich eben gerade wieder ein freies Plätzchen auftut. Kunst und Design sind hier am Puls der Zeit oder ihr sogar einen hüpfenden Schritt voraus.
Das ›Freiluftmuseum‹ der Weißen Stadt, also die **Architektur im ›internationalen‹ oder Bauhaus-Stil** aus den Zwanzigern und Dreißigern, ist für die Tel Avivis staubige Antike. Vielleicht haben sie deswegen wenig Probleme damit, wenn es an allen Ecken blättert und bröselt. Oder wenn sich die vielen **Street-Artists** mit Graffiti oder Stencils an den Fassaden austoben. Übrigens nicht nur bunt, sondern auch oft ziemlich smart und bissig ...

GUT ZU WISSEN

Mit **Öffnungszeiten und Eintrittspreisen** geht jede Institution anders um, wer keine Homepage hat, ist in der Regel auf Facebook präsentiert.
Was an **kulturellen Events** so passiert, findet man im ständig aktualisierten, alternativen Blog von www.diytelavivguide.com oder auf der Seite www.secrettelaviv.com.
Einmal im Jahr im Mai öffnen architektonisch und geschichtlich spannende Häuser beim **Tel Aviv Open House** ihre Türen für Besucher, nicht verpassen!
Tel Avivs größte Kunstmesse findet jedes Jahr woanders statt und bringt dabei etablierte Museen und kleine Galerien zusammen. Dazu wird viel Wert auf die Förderung junger oder unbekannter Künstler gelegt. Beste Möglichkeit, einen Einblick in die energetische Szene zu erhalten: www.freshpaint.co.il/en.

Das Museum of Art ist das Herz der Szene, aber sein Puls pocht in der ganzen Stadt.

»Wenn Ihr wollt, ist es kein Märchen ...«

Unter diesem Motto entwarf Theodor Herzl in seinem Roman »Altneuland« die Utopie eines künftigen Judenstaats. In der hebräischen Übersetzung hieß der Roman »Tel Aviv«, wobei ›Tel‹ (antiker Siedlungshügel) für ›alt‹ steht und ›Aviv‹ (Frühling) für ›neu‹. Tel Aviv wurde also geschrieben, bevor es gebaut wurde.

Für Zionisten wie Herzl war ein eigener Staat die einzige Antwort auf die seltsame Anomalität des jüdischen Volkes: über die Welt verteilt, über Religion, Gebräuche, ja sogar eine Sprache geeint – und damit gemeinsam ausgestoßen zu sein. Als er selbst nach Palästina reiste, war Herzl allerdings ziemlich enttäuscht. »Armut, Schmerz und Chaos, alles in wunderbaren Farben«, schrieb er über Jaffa 1898, Jerusalem fand er fast noch schlimmer.

Vom Traum zur Stadt

Der zionistische Werbespruch »Ein Land ohne Menschen für Menschen ohne Land« traf allerdings nicht ganz zu. Zwar gab es öde Landstriche, aber wie zwei Wiener Rabbis damals gen Heimat telegrafierten: **»Die Braut ist schön, aber mit einem anderen Mann verheiratet.«** Auf der anderen Seite war auch die damalige palästinensische Bevölkerung, »der andere Mann«, nicht so homogen, wie es die Narrative heute gern hätten. Da gab es reiche Landbesitzer und arme Arbeiter, Moslems, Christen und Juden, praktizierend oder säkular. Darunter auch Griechen, Armenier, Ägypter. Italiener, Bosnier, Tscherkessen, Afrikaner. Und Deutsche. Als Herzl 1904 starb, brachte Elieser Ben Jehuda die Idee einer hebräischen Stadt zu seinen Ehren auf. (Ben Jehuda soll den jüdischen Einwanderern damals das moderne Hebräisch in die Köpfe gezwungen haben und hat dafür viele neue Worte erfunden oder abgeleitet.) Am 11. April 1909 also versammelten sich **66 Familien** unten am Strand vor den Toren der alten Hafenstadt Jaffa. Der Präsident der Baugemeinschaft Achusat Bait sammelte 120 Muscheln, eine Hälfte weiß, eine Hälfte grau, schrieb auf die einen die Namen der Familien, auf die anderen Muscheln die Nummern der gekauften Grundstücke.

Am Anfang war der Sand

Frühe Fotos zeigen Richtung Norden: Dünen und Ödnis. Im Süden nämlich hätte man auf Häuser gesehen: Neve Tzedek, den ersten jüdischen Vorort, der die Zionisten jedoch zu sehr an eine arabische Siedlung erinnerte. Die deutsche Templer-Kolonie. Und natürlich die antike Stadt Jaffa dahinter.
Die meisten der 66 Familien stammten aus Russland oder Polen, nicht nur das Klima war ihnen fremd, auch die großfamiliäre Lebensweise der orientalischen Juden. Während sie sich ihr osteuropäisches Refugium erbauten, mit roten Ziegeldächern auf Einfamilienhäusern – nach Vorbild der deutschen Templer nebenan – arbeiteten sie jedoch mangels Alternativen trotzdem erstmal als Kaufleute oder Lehrer in Jaffa.

Wer bin ich, und wenn ja, wie viele?

Die Sehnsucht nach der eigenen Identität ist bis heute das Dilemma von Tel Aviv. Was ist das Eigene in einer Gesellschaft von Einwanderern? Man wusste nur, was man nicht wollte: ein armseliges Leben in Ghettomauern. Deshalb war eines der ersten Gebäude der Achussat Bait das »Hebräische Gymnasium«, sogar ein »Hebräischer Stil« wurde dafür erfunden. In Erwartung zukünftiger Größe musste Tel Aviv stets größer erscheinen als es war. Aber noch gab es keine Vorschriften, und so entstand ein **Ensemble der kulturellen Unterschiede.** Noch heute sieht man in der Nachalat Binyamin oder der Allenby, wie die Sehnsucht nach der alten Heimat und der Versuch, sich gleichzeitig an die neue Umgebung anzupassen, zu einem lustigen Reigen von Villa Kunterbunts führte.

Die Frage, in welcher Form **neue jüdische Identität im alten Land** Gestalt annimmt, löste auch in der Architektur Diskurse aus. In »Altneuland« schilderte Herzl ein Palästina unter jüdischer Kontrolle – aufgebaut von jungen Architekten und Bauingenieuren aus der Schweiz, Österreich und Deutschland. Aber schon damals erntete seine **Idee eines »kleinen Europas in Asien«** harsche Kritik aus den eigenen Reihen. Mit der Revitalisierung der hebräischen Sprache gelang den Kulturzionisten ein entscheidender Sieg gegen die politischen Zionisten wie Herzl. In der Architektur jedoch mangelte es sowohl an der Verbindung zum Land als auch an Beispielen erhaltener historischer Bauten aus der Zeit der alten Hebräer. Als Vorbild gab es nur die einheimische arabische Bauweise. Von vielen Juden wurde diese jedoch abgelehnt, um sich nicht erneut zu assimilieren – und davon abgesehen galt den meisten die arabische Architektur in Palästina als primitiv und unkultiviert.

Die Idee der **Gartenstadt** schließlich entstand um die Jahrhundertwende in England und breitete sich in ganz Europa aus. Die Verbindung aus städtischem und ländlichen Leben schien den Gründungsvätern ideal, als sie den Schotten Patrick Geddes die bis dahin wild wuchernde Stadt überdenken ließen. Allerdings hatte man nicht mit dem Druck der folgenden **Einwanderungswellen** gerechnet. Während die großzügig geplanten Häuser im »Bauhaus«-Stil immer enger wurden, verloren sich auch die Gemeinschaftsgärten und Parks allmählich im Stadtbild.

Hedonismus statt Zionismus

Unaufhörlich wurde gebaut, nie war die Stadt fertig. Und zu Bauhaus und Baustellen gesellten sich immer mehr Bausünden. 1927 war Tel Aviv ein Sammelsurium aus Luftschlössern. Krankhaft angeschwollen, so lästerte man, wie ein Bauch, der zuviel Gazoz intus hatte, das süße Sprudelwasser, das überall verkauft wurde. Überhaupt missfiel den Zionisten diese ›Krämergesellschaft‹. Man wollte doch weg von den ›typisch jüdischen‹ Berufen der Diaspora. Der Traum schien geplatzt, Tel Aviv galt als ewiger Vorort einer Stadt, die nicht existierte, seine Bewohner als degenerierte Träumer, als ›Luftmenschen‹.

Und doch schrieb der Dichter Tschernikowsky: »Es ist unmöglich, dieses überbevölkerte Tel Aviv nicht zu lieben, denn hier ist schließlich der einzige Ort auf der Welt, an dem ein Jude schlicht ein Mensch sein kann, der eben Jude ist, ohne dass er sich weiter Gedanken drum macht.«

Aber nicht nur den inneren Kampf galt es zu bestehen, das arabische Jaffa saß vor der Stadt wie ein Drache vor der Burg. Immerhin erlaubten die Briten

Von wegen kein Abbild! Das Diaspora-Museum zeigt Fresken aus einer syrischen Synagoge.

nach den antijüdischen Aufständen von 1936 endlich, einen eigenen Hafen zu eröffnen. Für die Zionisten war das die endültige Trennung von Jaffa, 1939 gab es das erste Mal getrennte Telefonverzeichnisse. Erst nach dem Unabhängigkeitskrieg der Israelis 1948, der den Palästinensern die ›Nakba‹ – die große Katastrophe der Flucht und Vertreibung – war, wurde das nun beinahe menschenleere Jaffa an Tel Aviv angeschlossen.
Schon in seinen ersten Jahren hatte Tel Aviv den Ruf, eine frivole Stadt zu sein, ein **Mekka der Hedonisten.** Als die Briten 1938 eine Ausgangssperre verhingen, schrieb die Wochenzeitung: »Das erste Mal seit vielen Jahren konnte jeder Bürger behaupten: ›Ich bin zu Hause geblieben. Ich bin um halb zehn ins Bett gegangen.‹«
Tel Aviv wurde dafür gepriesen und gescholten wie ein junger hübscher Teenie, der das Leben zu sehr genießt, sich zu naseweis gibt. Im Gegensatz zum arbeitsamen, bescheidenen Haifa – und vor allem dem ernsthaften, gelehrten und heiligen Jerusalem. Diese Spannung spiegelte auch den Konflikt der Parteien innerhalb der zionistischen Bewegung wider.
Erst in den Neunzigern verlor der Hafen der Zuflucht seine Leichtigkeit und die Illusion der Sicherheit: Auf die Raketen des Golfkriegs folgten Terrorattacken und schließlich der Mord an Rabin.
Tel Aviv, die ›Stadt ohne Geschichte‹, wollte von Anfang an Zukunft sein. Die ewige Rückbesinnung auf das, was einmal war – das war die verhasste Diaspora. So erklärt sich, dass Tel Aviv jahrzehntelang nicht gerade zimperlich mit der Stadtgeschichte umgegangen ist. Erst 2009, zum 100. Geburtstag, wurde ein Museumsarchiv im **Beit Halr,** dem ersten Rathaus, angelegt. Ikonische Bauten wie das »Hebräische Gymnasium« waren da schon längst zerstört. An dessen Stelle steht heute der 120 Meter hohe **Shalom Tower,** Tel Avivs frühster Versuch, sich eine beeindruckende Skyline in den Himmel zu malen. Immerhin birgt der Turm heute eine Ausstellung mit den Fotos des »Little Tel Aviv« der Gründerjahre.

Beit Hatefutsot (Diaspora-Museum)

Schade, dass das **Diaspora-Museum** so weit außerhalb des normalen Touristen-Radius auf dem Gelände der Uni liegt. Als es 1978 eröffnet wurde, galt es als **innovativstes Museum der Welt,** dem großen ›Wunder‹ der Diaspora gereichend. Denn das bestand nicht nur darin, dass die Juden jahrhundertelange Verfolgung überlebten, sondern auch darin, dass sie – überall auf der Welt verstreut – die Tradition des jüdischen Volkes bewahrten. Das Wort ›Diaspora‹ kommt aus dem Griechischen und bedeutet Zerstreuung oder Vertreibung. Das hebräische Wort dafür ist ›Gallut‹.
Man muss sich vor Augen halten, dass die erste Vertreibung der Juden im achten Jahrhundert vor unserer Zeitrechnung erfolgte, als die Assyrer Samaria – in dem zehn der zwölf Stämme des israelischen Volkes lebten – dem Erdboden gleichmachten. Niemand weiß heute genau, was aus den ›zehn verlorenen Stämmen‹ wurde. Man vermutet aber, daß die Juden von Äthiopien, Indien und China jeweils einen dieser Stämme repräsentieren.
Im Diaspora-Museum werden Geschichte, Kultur und Religion des jüdischen Volkes, die Beziehungen zu Nicht-Juden und die Geschichte der Gemeinden der jüdischen Diaspora rund um die Welt anschaulich gemacht, von der Zeit des Babylonischen Exils bis zur Gegenwart. Das Museum zeigt die unterschiedlichen religiösen Bräuche und kulturellen Traditionen der verschiedenen Gemeinschaften und beschreibt die komplexen und fortlaufenden Migrationen des jüdischen Volkes.
Beit Halr: 🕮 F 9, Bialik Street 27, www.beithair.org/en, Mo–Do 9–17, Fr/Sa 10–14 Uhr, So geschl., 20 NIS
Shalom Tower: 🕮 Karte 2, F 11, Ahad HaAm Street 9, www.migdalshalom.co.il/eng/, So–Do 8–19, Fr 8–14 Uhr
Diaspora Museum: 🕮 Karte 5, C 1, Tel Aviv Campus, Matatia Gate 2, www.bh.org.il, So–Mi 10–19, Do 10–22.30, Fr 9–14, Sa 10–15 Uhr, 45 NIS

Pause. Einfach mal abschalten

Tel Aviv ist eine endlose Reihung von Paradoxa. Eines davon: Wie kann eine Stadt auf der einen Seite so entspannt und auf der anderen Seite dermaßen laut und chaotisch sein? Ein Fußmarsch über die Allenby Street reicht, um die ganze schöne Strandruhe wieder loszuwerden. Glücklicherweise gibt es aber auch in der City ein paar Rückzugsorte …

Betonoase
Habima Beet G 9

Sobald man die weite graue Ebene des HaBima-Platzes überquert hat und die Stufe hinunter ins Blumenbett geklettert ist, flutet der übliche Geräuschteppich der Stadt einfach über den Kopf hinweg. Stattdessen ertönt klassische Musik und ein seltener Anblick bietet sich: bunte Blüten, die nicht zu einer Bougainvillea gehören! Und obwohl rund um das geometrisch bepflanzte Beet immer ein Pärchen sitzt oder ein paar Kinder spielen, fühlt es sich an, als ob man alleine in einer futuristischen Blumenwiese säße.

Habima Square, Stadtzentrum

(Verkehrs-)Inselglück
Kikar HaMelech Albert Karte 2, G 10/11

Meine Insel hat zwei Bäume … Außerdem gibt es zwei Bänke unter den riesigen Ficus-Kronen auf der winzigen Verkehrsinsel am König-Albert-Platz. Vor allem am Freitag, wenn der Shabbat beginnt, sitzt es sich hier sehr französisch, mit Blick auf interessante Fassaden wie das Pagoden-Haus im Westen oder den – mit einem Metallmuster von Künstler Uri Lifshitz überzogenen – Bau im Süden. Eine Brioche vom Café Ben Ami am Eck macht den Moment perfekt.

HaMelech Albert Square, Lev Halr

Blickpunkt
Unabhängigkeitspark F 6

Der Park über den Kalksteinfelsen vor dem Hilton Hotel hat schon einiges erlebt. Vor der Stadtgründung lag hier ein muslimischer Friedhof, später die größte Grünanlage Tel Avivs mit englischem Rasen und Skulpturen. Als mit dem Hotelbau die Reste des Friedhofs entfernt wurden, gab es einen Aufschrei unter der muslimischen Bevölkerung, aber auch Ästhetiker waren nicht gerade begeistert über den Klotz. Der Park verlor sein Ansehen, wurde vernachlässigt, dann zur Cruising-Area der Schwulen-Szene. Erst 2009 kümmerte sich die Stadt um ein optisches Revival. In der Ferne sieht man Jaffa, aus der Nähe Agaven und Tamarisken.

Independence Park, Old North

Namedropping
Trumpeldor Friedhof F 9

Wurde 1902 angelegt, als in Jaffa eine Cholera-Epidemie herrschte und die osmanische Regierung Beerdigungen auf dem alten jüdischen Friedhof untersagte. Damals lag das Areal weit im Norden der bisherigen Besiedlung. Am Eingang passiert man heute erst die Massengräber der Arabischen Unruhen und Aufstände von 1921 bis 1939, im Südwesten liegen die Berühmtheiten, die Stadtgründer, Zionisten und Künstler wie Dizengoff, Bialik, Kishon oder Sänger Arik Einstein.

Trumpeldor Street 19, Stadtzentrum, im Sommer So–Do 6.30–19, Fr 6.30–14, im Winter So–Do 6.30–17, Fr 6.30–14 Uhr

Lobbyismus
Guerilla-Päuschen Karte 2, F 11

Im ewigen Kampf um mehr Fläche handelte der Bauherr des Glasturms

Rothschild 22 mehr Etagen heraus, indem er die Lobby öffentlich machte. Eigentlich ein absurder Kuhhandel, von dem natürlich möglichst niemand etwas wissen sollte. Wer nach einem langen Stadtrundgang eine Toilette oder eine schicke Ledercouch mit Wifi sucht und die Geschäftsleute ein bisschen ärgern will, nur hereinspaziert!
Rothschild Boulevard 22, Lev Halr

Grüne Krone
Dizengoff-Center-Dachgarten
G 9
Es lässt sich viel Schlechtes sagen über Tel Avivs erste Shoppingmall. Zum Beispiel, dass kaum einer es schafft, sie über die gleiche Tür zu verlassen, durch die er hineingekommen ist. Auf die meisten wartet hier statt Einkaufsspaß ein schweißtreibender Lauf durchs Labyrinth. Aber: Wer es einmal bis zum Lev Cinema geschafft hat, muss nur noch aufs Parkdeck finden und landet im hydroponischen Gemüsegarten! Zur Ruhe gibt es ein bisschen Nachhaltigkeitserziehung dazu …
Dizengoff Street 50, Lev Halr

Palmenarena
Gan HaPisga Karte 4, C 13
Der hübsche Park über der Old City von Jaffa wird seltsamerweise verhältnismäßig wenig besucht. Klar, da sind die Bustouristen, die mal schnell am Tor von Ramses vorbeigeschleust werden und über die Wunschbrücke runter zum Kikar Kedumim. Aber trotzdem findet man auf den verschlungenen Wegen, hinter der ein oder anderen Hecke, immer eine einsame Bank oder ein Fleckchen Wiese für sich. Oder man guckt von den Stufen der Arena einem Hochzeitspaar beim Posen für die Fotos zu oder den Hunden beim Tollen über den Hügel – oder man schaut einfach aufs Meer.
Gan HaPisga, Jaffa

Wildromantisch
Schrebergärtchen E 12
In Florentin gibt es genau eine öffentliche Grünfläche, und die ist abgesperrt, damit sie nicht wie der Rest des Viertels von den Hunden als Klo missbraucht wird. Aber glücklicherweise ist da noch das Talent der Tel Avivis, sich ihre Stadt zurechtzuträumen. Auf den ersten Blick sieht man am grauen Rand von Florentin nur eine Brache voll Unkraut, auf den zweiten: einen gemütlichen Guerilla-Schrebergarten mit Gemüsebeeten, inklusive Leseecke für Kinder, ein paar Schuppen, Vogelscheuchen – und jeder Menge Street-Art.
HaRabi MiBachrach Street 12

Kein Widerspruch in sich: Abhängen im Unabhängigkeits-Park

Wer braucht schon Schlaf ...

... in der Stadt, die nie schläft? So zumindest beginnt man zu denken, wenn man die Zimmerpreise mit dem Niveau der Hotels vergleicht. Vor allem an den jüdischen Feiertagen! Und: Zwischen Hochbett und Suite sieht es mau aus im Angebot. Und das, obwohl die Hoteltürme im Norden und Süden der Stadt einen auf Bettenburg machen! Aber in Tel Aviv ist Luxus nicht gleich Luxus, oder die Israelis haben einfach andere Prioriäten. Mit Ausnahmen von einigen charmanten und hochpreisigen Boutique-Hotels, lohnt es sich also kaum, in Sterne zu investieren. Wer sich mal mit einem Taxifahrer über die Mietpreise unterhalten hat, braucht sich sowieso nicht mehr zu wundern.

Dafür ist Tel Aviv ein Airbnb-Paradies: Manch hippes Loft in Florentin, manch charmanter Altbau in Jaffas Flohmarktviertel oder dem gemütlichen Kerem HaTeimanim wird regelmäßig von seinen jungen Bewohnern geräumt und durchgewischt, um das Konto wieder flüssig zu machen. Zum Beispiel mal nach den luftig elegant eingerichteten Zimmern des »Jericho Community House« gucken!

Außerdem gibt es einige einfache Hostels in der Stadt, in denen es je nach Saison zwar etwas lauter zugeht, aber wie gesagt: Wer braucht schon Schlaf?

In Trödelstimmung kommt man im Old Jaffa Hostel mitten im Flohmarktviertel.

ZUM SELBST ENTDECKEN

Tel Aviv ist klein, und wer gut zu Fuß ist, wird kaum mal ins Taxi steigen – solange das Basislager gut gewählt ist: Die hipsten Strandabschnitte, tolle Restaurants, bunte Bars und Boutiquen, der Rothschild Boulevard, all das also, wofür man in erster Linie in die Stadt kommt, ist am Besten zu erreichen, wenn man sein Lager in **Jaffa, Florentin, Neve Tzedek,** dem **Lev Halr** oder dem **Kerem** aufschlägt. Mit etwas Geduld und dem richtigen Bus kommt man natürlich auch im Rest der Stadt zurecht.

Flohmarktfund

Old Jaffa Hostel Karte 4, D 13

500 Meter zum Strand, 5 Meter zu der hippen Handtasche oder dem netten Barkeeper: Das Old Jaffa Hostel hat sich tatsächlich den Charme des alten Jaffa bewahrt und nur ein wenig aufgequirlt, dazu gibt es geteilte Bäder und eine Gemeinschaftsküche auf dem Dach. Hier kann man notfalls auch schlafen, wenn es in den Räumen zu heiß wird.

Amiad Street 13, Jaffa Pishpeshim, T 009 72 36 82 23 70, www.telaviv-hostel.com, DZ ab 280 NIS, Schlafsaal 90 NIS

Party-WG

Florentine Hostel E 12

Tatsächlich unterscheidet sich dieses Backpackerhostel im staubigbunten Florentin zwischen Handwerkern, Händlern und (Lebens-)Künstlern nicht sehr von einer ansässigen Wohngemeinschaft. Wer gern mittendrin ist und nichts gegen Anschluss und die typische Florentiner Geräuschkulisse hat, findet hier ein günstiges Bett.

Elifelet Street 10, Florentin, T 009 72 35 18 75 51, www.florentinehostel.com, DZ ab 160 NIS, Schlafsaal ab 50 NIS

Dach über dem Markt

Galileo Hotel F 10

Eins der wenigen Budgethotels im Herzen der Stadt, beziehungsweise ihrem Bauch, dem jemenitischen Viertel rund um den Markt. Hat wie die meisten Häuser ein Sonnendeck und lockt mit den unendlichen Optionen drumherum, sich den eigenen Bauch vollzuschlagen.

Hilel HaZaken 8, Kerem HaTeimanim, T 009 72 35 16 00 50, www.sun-hotels.co.il, DZ ab 370 NIS

Im Schoß der Szene

Abraham Hostel Karte 2, G 11

Diesem Namen kann man vertrauen, mit seinen Ablegern in Nazareth und Jerusalem hat der Betreiber bereits bewiesen, dass er weiß, wie man Individualreisende zufriedenstellt. Party und Kultur inklusive. Nicht besonders

360-Grad-Terrassen gehören in der Stadt der Flachdächer zum Basispaket.

schön, aber äußerst praktisch gelegen, nah am Rothschild Boulevard und zehn Minuten zum Strand und nach Florentin. Alternative Clubs wie Kuli Alma und Radio EPGB sind gleich um die Ecke, und die Ausgehclique stellt man sich vorher noch in der eigenen Hausbar zusammen.

Levontin Street 21, Süd Tel Aviv, T 009 72 36 24 92 00, www.abrahamhostels.com/tel-aviv/, DZ ab 330 NIS, Schlafsaal 90 NIS

Leiwand!

Cinema Hotel G 8

Von außen eines der bestrestaurierten Bauhäuser der Stadt, von innen: ein ehemaliges Kino, aufgefüllt mit Betten und Devotionalien für Cineasten. Jeder Weg von den Zimmern über die Wendeltreppe zum Ausgang fühlt sich an wie ein Museumsbesuch. Außerdem: tolle Dachterrasse mit Blick auf einen hoffentlich bald in neuem Glanz erstrahlenden Dizengoffplatz.

Zamenhoff Street 1, Zentrum, T 00 972 35 20 71 00, www.cinemahotel.com, DZ ab 900 NIS

Boutique-ig

Brown Hotel Karte 2, F 11

Wer es edel, aber clean mag und ein bisschen was in der Tasche hat, wird sich im Brown wohlfühlen. Die Zimmer im Boutique Hotel zwischen Neve Tzedek, Shuk HaCarmel und Rothschild

Auf der Terrasse des Lily & Bloom lässt es sich gut aufs Nachtleben einstimmen.

sind im edlen Siebziger-Style eingerichtet, der Ausblick von der Dachterrasse hat Panoramaformat und auch das Spa versprüht Charme.
Kalischer Street 25, Neve Tzedek, T 00 49 37 17 02 00, www.browntlv.com, DZ ab 850 NIS

Sticht mit Seeblick
TLV 88 Hotel F 8
Schon 1937 ein Hotel, schon damals mit Bauhaus-Fassade, tut das TLV 88, als ob nicht viel passiert wäre seitdem und nicht etwa eine quirlige Stadt drumherum gewachsen sei. Mediterran, schick, strandnah.
HaYarkon Sttreet 88, Zentrum, T 009 72 36 20 46 76, www.tlv88.com/english, DZ ab 390 NIS

Stadtvilla
Hotel Montefiore Karte 2, F 11
Unter Tel Avivis gilt das Montefiore vor allem als romantische Dinner- oder Frühstücksadresse. Wie ein Puppenhaus sitzt die einstige Stadtvilla – 1922 in einem Mix aus osmanischem Geschnörkel und klaren Linien erbaut – mitten im Herzen der Stadt. Neben ›vietnamesischer Brasserie‹ und Bar gibt es zwölf gemütlich in dunklem Holz eingerichtete Zimmer. Der Service gilt als sehr zuvorkommend. Das hat natürlich seinen Preis.
Montefiore Street 36. Lev Hair, T 009 72 35 64 61 00, www.hotelmontefiore.co.il, DZ ab 1300 NIS

Urbanes Blümchen
Lily & Bloom Hotel Karte 2, F 11
Die Lilienblumstraße hat es in sich: Davon erzählt nicht nur die bröselnde Fassade des ersten Kinos der Stadt. Mit dem Nanuchka oder dem Abraxas North haben sich hier die coolsten Restaurants niedergelassen, dazu kommen diverse Kneipen und Clubs. Nur ein Hotel fehlte lange. Das stylische Lily & Bloom mit seinem Vintage-Interieur und der spürbaren Liebe zum Detail hilft ab.
Lilienblum Street 43, Neve Tzedek, T 009 727 22 48 48 48, www.lilyandbloom.com/en/homepage, DZ ab 590 NIS

Eklektissimus
Hotel Nordoy Karte 2, F 10
Immer wenn es arg verspielt und monumental wird im Stadtbild, dann weiß man, es ist (zumindest für Tel Aviver Verhältnisse) antik. Das Nordoy mit seiner extravaganten Kuppel stammt aus dem Jahr 1925, als Tel Aviv noch Achussat Bait hieß, und gilt als das älteste aktive Hotel. Die Lage zwischen Shuk und Rothschild dagegen gehört zu den angesagtesten der Stadt. Der Schulterschluss aus alt und modern

findet sich auch im Inneren wieder.
Nachalat Binyamin Street 27, LevHalr, T 009 72 722 72 72 79, www.hotelnordoy.com, DZ ab 635 NIS

Kindergeburstag!
Cucu Hotel G 8
Verspielt, süß, lustige Details – das Cucu ist das Überraschungsei unter den Boutique Hotels, hat ein Spa im Haus und einen unerwartet ruhigen Garten. Dabei liegt es mitten im Zentrum. Wem es nie zu bunt sein kann, der wird sich hier sehr willkommen fühlen.
83 Dizengoff Street, Zentrum, T 009 72 37 75 57 77, www.cucuhotel.com, ab 450 NIS

Moderner Klassiker
Shenkin Hotel Karte 2, F 10
Zeitlos modernes Boutique Hotel mit ordentlichem Preis-Leistungs-Verhältnis in bester Lage hinter der zeitlos modernen (wenn auch nicht mehr ganz soooooo angesagten) Sheinkin Street (wie einst).
Brenner Street 21, Lev Halr, T 009 72 36 00 94 00, www.shenkinhotel.com, ab 450 NIS

Chamäleon
The Diaghilev G 11
Mit dem komplizierten Name feiert dieses ›Kunsthotel‹ den russischen Kritiker, Herausgeber und Gründer des russischen Ballets, Sergei Diaghilev. Beziehungsweise dessen schillernden Charakter, mit dem er kreative Geister von Coco Chanel über Matisse zu Jean Cocteau inspiriert haben soll. In diesem Sinne versucht sich das Hotel laufend neu zu erfinden, wozu wechselnde Ausstellungen und kulturelle Events gehören. Das Gebäude von 1934 diente übrigens als erstes Druckhaus der linksliberalen Zeitung Haaretz.
Mazeh Street 56, Lev Halr, T 009 72 35 45 31 31, www.diaghilev.co.il, DZ ab 450 NIS

Geschmacksvöllerei
Mendeli Street Hotel F 8
Mit zeitgenössischer Kunst und Design durchgestyltes Strandhotel, das morgens mit einem vielgepriesenen Gourmetfrühstück aufwartet. Außerdem rühmt sich das Haus-Restaurant Mashya (Muskat) von Küchenchef Yosi Shitrits, den Geschmack der israelischen Kindheit auf die Teller zu zaubern. Mit erwachsenem Twist natürlich.
Mendeli Street 5, Zentrum, T 009 72 35 20 27 00, www.mendelistreethotel.com, DZ ab 620 NIS

Kirchunter
The Market House Karte 4, D 13
Der Charme von Jaffas Flohmarktviertel liegt eigentlich in seiner Abgeschrabbeltheit. Damit kann das The Market House nicht dienen. Trotzdem lässt es mit seinem gläsernen Boden an der vielschichtigen Architekturgeschichte von Tel Avivs Keimzelle teilhaben: Dort schimmern nämlich die Ruinen einer byzantinischen Kapelle durch. Wer sich die Nacht nicht leisten kann oder mag, sollte sich jedoch ein Frühstück gönnen, das hier bunter und reichhaltiger und dabei nicht teurer ist als in den umliegenden Hipster-Cafés. Neben dem Buffet sind nämlich Capuccino, frisch gepresste Säfte und Spinat-Shakshuka aus der Küche inbegriffen.
Beit Eshel Street 5, Jaffa Flohmarkt, T 009 72 37 97 40 00, www.atlas.co.il/market-house-hotel-tel-aviv-israel, DZ ab 860 NIS mit üppigem Frühstück

Gilt als das älteste aktive Hotel in ganz Tel Aviv: das elegante Nordoy Hotel aus dem Jahr 1925.

Gefilte Fisch?

Nein, den bekommen Sie hier nicht. Und im Gegensatz zu Jerusalem gibt es kaum Nachfrage nach koscheren Speisen. Dafür übernimmt eine andere Religion: Im Land, in dem laut Bibel Milch und Honig fließen, gibt es mehr Veganer als anderswo auf der Welt. Mindestens fünf Prozent der Bevölkerung sollen komplett auf Tierprodukte verzichten. Und Tel Aviv ist das Herz der Bewegung.

Ob Orthodox-Veganer oder Flexitarier, die Auswahl an Speisen ist berückend. Seitdem die Israelis erkannt haben, welch Schatz in den Gewürzregalen und Kochbüchern der Großeltern schlummert, funktioniert der Melting Pot zumindest in der Küche hervorragend. Beim späten Abendessen stimmt man sich meist fürs Nachtleben ein. Also nicht wundern, wenn die Kellner Runde um Runde ›Chaser‹ (Kurze) aufs Haus bringen und gleich selbst mittrinken!

Die Cafékultur haben angeblich die Jeckes ins Land gebracht, die steifen deutschen Juden, die – im Dreiteiler schwitzend – die ersten Kaffeehäuser bevölkerten. Cafés mit gutem Kaffee und frischen Sandwiches oder Salaten gibt es so viele, dass hier nur eine kleine Auswahl Platz findet. Zuhause wird Kaffee der Einfachheit halber meist schwarz im Cowboy-Stil getrunken. Im Café dagegen bestellt man entweder ›hafuch‹ (auf dem Kopf stehend), also Cappuccino, oder im Sommer ›Kafe kar‹, Espresso auf Eis mit Milch und Zuckersirup.

Nur in New York und Tokio gibt es pro Kopf noch mehr Sushi-Restaurants als in Tel Aviv.

ZUM SELBST ENTDECKEN

Typisch israelisch? Gibt es bei über 150 Herkunftsküchen nicht. Deswegen ist auch der Streit mit den Arabern um **Falafel, Hummus und Schawarma** albern. In all diesen Ländern gibt und/oder gab es Juden. Deswegen hat Israel all die pan-orientalischen Köstlichkeiten natürlich nicht gepachtet, ihnen über die Jahrzehnte wahrscheinlich dafür aber einen eigenen Touch verliehen. Unbedingt probieren: **Shakshuka, Sabich, Tahina-Soße, Anisschnaps** und als Nachspeise **Malabi!**

SO BEGINNT EIN GUTER TAG IN TEL AVIV

Anno 1914
Basma Coffee C 13

›Basma‹ heißt ›Lächeln‹ auf Arabisch, und mit einer fiktiven Großmutter namens Basma vor Augen führt die alteingesessene Familie ihr 2014 eröffnetes Café hinter der Altstadt. Altmodisches Porzellan und Kupferkännchen, feines arabisches Gebäck und traditionell im heißen Sand zubereiteter Kaffee. So ähnlich muss es in den Hafenlokalen einst zugegangen sein, als Jaffa noch eine florierende Hafenstadt unter osmanischer Herrschaft war.

Louis Pasteur Street 5, Old Jaffa, T 009 72 36 70 60 50, www.facebook.com/basmacoffee, tgl. 9–23.30 Uhr

Jeder Tag ein guter Tag
Café Yom Tov Karte 2, F 10

›Yom Tov‹, das ist ein guter Tag, und tatsächlich heißt so die enge Straße, in der die Café-Bar liegt. Während um die Ecke der Shuk HaCarmel vorbeitost wie ein Wildfluss, laut und ungezähmt, wirkt die Kundschaft vor dem Yom Tov so, wie man sich die Glücklichen vorstellt, die es nach dem Erdenleben in den Himmel verschlägt. Entspannt, lächelnd, gutaussehend. Außerdem kann man hier noch leckere Sandwiches, Gebäck und Salate mit frischen Zutaten aus dem Fluss, äh Markt, essen.

Yom Tov St 30, Kerem HaTeimanim, T 009 72 39 69 24 34, So–Do 8–1, Fr 8–20, Sa 19–1 Uhr

Janz schön jeck!
Café Mersand F 8

Pünktlich, ehrlich und überaus korrekt. Früher hatten es die Jeckes, die deutschen Juden, mit diesem Klischee-Arsenal an Eigenschaften nicht gerade leicht in Israel. Bestenfalls ernteten sie Spott. Heute gilt die Zuordnung als Kompliment. Das Café, das Walter Mersand 1955 in Sehnsucht nach einem europäischen Kaffehaus gründete, ist längst von der Zuflucht deutscher Einwanderer zu einem Habitat für Jedermann geworden. Vom Surfer über den Künstler bis hin zur schicken Omi mit Berliner Dialekt. Kuchen aus der alten Heimat gibt es aber immer noch.

18 Frishman Street, Zentrum, T 009 72 35 23 43 18, So–Do 7.30–23, Fr 7.30–20, Sa 9–23 Uhr

Wohnzimmer
Café Sheleg F 10

Wer im Kerem wohnt, der wird das Sheleg schnell zu seinem zweiten Wohnzimmer küren. Ein bisschen hochnäsig wirkt es auf den ersten Blick in seiner minimalistischen Art, wie auch seine Bedienungen, aber bald wird klar, dass es sich nicht um Arroganz handelt, sondern um eine beinahe familiäre Intimität, die keine Höflichkeitsfloskeln braucht. Sogar die Musikanlage scheint im Voraus zu wissen, was die Stimmung der Stunde verlangt. Dazu gibt es appetitlich-gesunde Frühstücksvariationen. Um die Ecke gibt's Postkarten – um auch als Tourist was zum Schreiben zu haben an den kleinen Bistro-Tischchen. Die Besitzer vermieten übrigens vier charmante Zimmer um die Ecke.

Geula Street 44, Kerem HaTeimanim, www.shelegjericho.com, T 009 72 35 10 17 10, So–Do 7.30–22, Fr 7.30–18.30 Uhr, Sa geschl.

Allrounder
Nehama Vahetzi G 9

Die Rund-um-die-Uhr-Location am Habima Platz, um morgens einen Kaffee zu trinken, mittags oder frühabends … Damit es nicht langweilig wird, kann man zwischen dem geselligeren Teil mit gedämpftem Licht wählen und der ruhigeren Seite, die beinahe an ein Co-Working-Space erinnert. Es lässt sich also auch gut mit dem Laptop hier sitzen. Frühstücksempfehlung: Shakshuka mit Roter Beete und selbstgebackenem Brot.

Ahad Ha‹Am Street 144, Zentrum, T 009 72 36 85 23 26, So–Do 7.30–1.30, Fr 8–19.30, Sa 9–1.30 Uhr

Geheimer Garten
Café Edmond Karte 2, F 11

Die Allenby Street ist nicht unbedingt für ihre lauschigen Stübchen bekannt.

Wahrscheinlich hat das neue Café Edmond deswegen solchen Erfolg: Ein niedlicher Garten mit Pflanzenkübeln, sehr guter Kaffee und phantasievoll kombinierte Köstlichkeiten.

Allenby Street 97, Lev Halr, T 009 72 544 84 49 28, So–Do 7.30–20, Fr 7.30–18 Uhr, Sa geschl.

Keine Chance dem Futterneid – In Tel Aviv gibt es nur eine Knigge-Regel: Essen wird geteilt.

Wellenrauschen

Kiosk am Hafen Karte 4, C 12

Während der Jaffa Port sich, schneller als manchen lieb ist, zur Touri-Meile mausert, fehlt es immer noch an netten kleinen Lokalitäten, um etwas zu snacken. Sicher, da gibt es urige Fish'n'Chips am Stand oder die opulenten Vorspeisenplatten im Old Man and the Sea oder Gesundes im cleanen Kantinen-Charme des Love Eat. Abhilfe schafft seit neuestem der Kiosk, der ins ehemalige Hafenhäuschen eingezogen ist und frisches Gebäck, Kaffee, natürliches Eis am Stil und mit Antipasti belegte Sandwiches verkauft. Und das mit Blick auf gemütlich heranrollende Wellen.

Fast immer offen

WO ESSEN AUF NACHHALTIGKEIT TRIFFT

Platzhirschkuh

Nanuchka Karte 2, F 11

Das Nanuchka ist eine der rätselhaften Erfolgsstories dieser Stadt. Jahrelang war der Laden voll, weil seine Besitzerin Nana Shrier machte, was sie am besten konnte: deftige georgische Küche. Ihr Rezept: Viel Fleisch plus viel Alkohol ergibt wilde Abende. Dann wurde sie Veganerin und stellte entgegen aller Ratschläge auch ihr beliebtes Restaurant um. Und ist scheinbar noch erfolgreicher. Ihre Küchencrew härtet sie regelmäßig mit Schlachthof-Dokus ab.

Lilienblum Street 30, Lev Halr, www.nanuchka.co.il/en/, T 009 72 35 16 22 54, Sa–Mi 12–0, Do/Fr 12–2 Uhr

Ethnohip

Café Kaymak Karte 2, F 12

Kaymak bedeutet auf Türkisch so viel wie ›Crème de la Crème‹. Das bezieht sich aber nicht auf den Chic des kleinen vegetarischen Bistros, sondern auf die Atmosphäre: Extrem gemütlich und bodenständig geht es hier zu, und das Menü mit Hausmannskost aus aller Welt ist nie dasselbe.

Levinsky Street 49, Florentin, T 009 723 51 85 28, www.facebook.com/CaffeKaymak, tgl. 9–16 Uhr

Teffteff

Tenat G 12

Das Teff-Mehl, mit dem die Äthiopier traditionell ihr Injeera-Brot backen, gilt als unheimlich gesund und proteinreich. Im Tenat zwischen Florentin und Neve Sha'anan wird es ausschließlich mit veganem Belag aus verschiedenen Gemüsecurrys und Soßen gereicht. Dazu gibt es aromatischen äthiopischen Kaffee oder frisch gepressten Orangensaft.

Chlenov Street 27, Florentin, T 00 97 25 47 49 95 38, www.facebook.com/tenatvegan, tgl 11–16 Uhr

Shanti-Shanti

Zakaim Karte 2, F 11
Shabby Chic-Möbel, eine offene Küche zum Zugucken, in der vegane Küche mit persischem Twist und jeder Menge Kräutern, Nüssen und Früchten zubereitet wird. Im Zakaim wird es weder Augen noch Gaumen so schnell langweilig. Empfehlenswert ist zum Beispiel das Frikeh (gerösteter Weizen) mit gegrilltem Gemüse und hausgemachten Pommes und Ketchup. Sogar die Schokoladen-Trüffel sind vegan.
Simtat Beit HaSho'eva Street 16, Lev Halr, T 009 72 36 13 50 60, tgl. 12–0 Uhr

Kein Fake

Anastasia G 8
Gilt vielen als Tel Avivs bestes strikt-veganes Restaurant. Kein Wunder, angesichts von Käseplatte und Desserts, denen es an nichts Tierischem zu fehlen scheint. Dazu gehört ein Shop mit veganen Spezialitäten und ein Café, in dem es sich auch hervorragend frühstücken lässt.
Frishman Street 54, Stadtzentrum, T 009 72 35 39 00 95, So–Do 8–23.30, Fr 8–17, Sa 9–23.30 Uhr

Geht immer und überall – Hummus

Von glücklich angebautem Gemüse

Meshek Barzilay Karte 2, F 11
Zucchiniblüten mit Bohnenpaste gefüllt, vegane Lasagne, vegetarisches Curry – alles bio, alles selbst gemacht, also so, wie sich das der moderne Sammler vorstellt, wenn er sich als ›Foodie‹ beschreibt. Nette Atmosphäre im netten Neve Tzedek, was will man mehr.
Ahad Ha'Am Street 6, Neve Tzedek, T 009 720 35 16 63 29, www.meshekbarzilay.co.il, So–Fr 8–23, Sa 9–23 Uhr

Little California

Bana Karte 2, G 11
Tel Aviv und L.A. haben ja so einiges gemeinsam: Strand, Beton, schöne Menschen ... Mit dem Bana gibt es neuerdings auch eine typisch kalifornische ›Eatery‹ in der Stadt. Pastellig ausgemalt mit Kunstwerken aus Rohkost und vor Gesundheit nur so sprudelnden Zutaten.
Nahmani Street 36, LevHalr, T 009 720 36 99 15 66, So–Fr 12–16 und 19–23, Sa 12–23 Uhr

INSTITUTIONEN UND SZENETREFFS

Mit allen Wassern

HaMalabia F 10
Hier gibt es das (arabische) Lieblingsdessert der Tel Avivis – Milchpudding mit Rosenwassersirup und Nusskrokant – in Biergarten-Atmosphäre. Ja, manch einer trinkt hier unorthodox Bier dazu. Aroma des Sirups und Art der Nüsschen kann man selbst wählen.
Amiad Street 11, Jaffa oder Allenby Street 60, Sa–Mi 10–2, Do/Fr 10–3 Uhr

Charmebolzen

HaAchim H 9
Sie haben den ganzen Hype um die neue israelische Küche noch nicht ganz begriffen? Kann eigentlich nicht sein. Wenn doch, ganz schnell zu den ›Brüdern‹ gehen! Halb Bar, halb Restaurant, bringen charmante Kellner Grillgerichte, aber vor allem eine gewitzte, modern aufbereitete orientalische Beilage nach der anderen: von gebratenen Artischocken zu tuchgeschütteltem Käse, dazu warmes Challah-Brot. Und: Die Getränke sind verhältnismäßig günstig. Davon abgesehen kommt die Bedienung sowieso regelmäßig an den Tisch, um mit einer weiteren Runde ›Chaser‹ (Kurze) anzustoßen.
Ibn Gabirol Street 12, Stadtzentrum, T 009 72 36 91 71 71, www.facebook.com/haachim, tgl. 12–0 Uhr

Zu cool für Teller

North Abraxass Karte 2, F 11
Gleich vorweg: Mit klassisch Dinieren hat das North Abraxass nichts am Hut,

dabei befindet es sich durchaus in der gehobeneren Preisklasse. Hier isst man vom Packpapier oder aus Tüten, was gerade im Haus ist, und hat nur auf der Terrasse die Möglichkeit, sich – gegen die (gute) Musik brüllend – zu unterhalten. Wer sich darauf einlässt, bekommt die extrem schmackhaften Kreationen von Schiller-Chef Eyal Shani vorgesetzt. Motto: Erdig, distinguiert, ungewöhnlich.

Lilienblum Street 40, Lev Halr, T 009 725 46 78 65 60, So–Do 12–16, 18–0, Fr/Sa 13–17 Uhr

Pita-Revolution

Miznon G 9

Der Hype um Hipster-Koch Eyal Shani nimmt kein Ende. Doch wer einmal in sein Statementgericht, den im Ganzen gerösteten Blumenkohl, gebissen hat, der schließt sich willenlos seinen Jüngern an. Das Miznon ist Shanis Definition von Streetfood. Pita-Brote gefüllt mit Ratatouille, Steak oder Lamm-Kebab, mit Sesamsoße und reichlich Grünzeug. Dazu gehört ein Goldstar-Bier und natürlich das Ereignis, dass Ihr Name durch den Laden geschrien wird, und jeder interessiert guckt, wenn Sie sich zur Theke drängeln, um die Bestellung zu holen. Achtung: Wer zu viel von den schlichten, aber süchtig machenden Gratis-Appetizern Pita-Streifen, Tahini und scharfer Soße futtert, wird Probleme haben, sich auf das eigentliche Gericht einzulassen ...

King George Street 30 oder Ibn Gabirol Street 21, Stadtzentrum, www.miznon.com, Sa–Do 12–0 Uhr

Hip, hip, hurra

Romano Karte 2, F 12

Es mag einfallslos wirken, aber ja, auch dieses Restaurant ist Eyal Shanis Gehirnwindungen und Geschmacksknospen entwachsen. Aber was soll man machen: Der Mann weiß, wie er einen Laden zum Brummen bringt. Dass unter dem Restaurant der Teder F.M.-Biergarten liegt, schadet dem Gesamterlebnis natürlich nicht. P.S.: Auch die (leckere) superdünnknusprigpfeffrige Pizza in der Teder Bar hat Shani entworfen.

Derech Jaffa 9, Florentin, T 009 725 43 17 70 52, Mo–Sa 18–0 Uhr, So geschl.

Schöner Dönern

Bino's Karte 4, D 13

Dr. Shakshuka neben dem Uhrturm in Jaffa wird in jeder Reisereportage über Tel Aviv erwähnt, aber ganz ehrlich? Muss nicht sein. Zu viele Touris verderben scheinbar den Tomatenbrei. Lieber das Shawarma aus dem buntgekachelten kleinen Laden daneben probieren! Das stammt ebenfalls aus dem Hause von Bino Gabso und ist wirklich delikat.

Der Übergang zwischen Restaurant und Bar ist meist fließend – auch im Jericho in Jaffa.

Vor allem mit Lamm. Achso: Shawarma = Döner Kebab.
3 Beit Eshel Street, Jaffa, T 009 72 35 18 65 60, fast immer geöffnet, sonst bei Dr. Shakshuka fragen

Konzentrat

Dalida Karte 2, F 12
Wie fühlt es sich an, wenn der Koch mit einer Hand an Mamas Küchenschürze hängt und mit der anderen aus den Töpfen der welten Welt löffelt? Wie Tel Aviv. Und im Konzentrat: wie ein Abend im Dalida. Scharfe Feta Brulée? Geräucherte Meeräsche auf Knoblauch-Toast? Anisschnaps mit Mandelmilch? So schmeckt es vermutlich, wenn man alle Aromen des umliegenden Levinsky-Markts auf ein Menü zusammenschnurren lässt. Von 17 bis 19 Uhr ist Happy Hour mit halbem Preis auf alles! Sonst: unbedingt reservieren.
Zvulun Street 7, Florentin, T 009 72 35 36 96 27, So–Do 17–2, Fr–Sa 11–2 Uhr

Tabounesk

Jericho D 13
Die ruhigen Straßen des ›Greek Markets‹ hinter dem Flohmarkt-Viertel haben sich in den letzten Jahren mit dem hippen Ramses und dem balkanesken Hatzoania als kulinarisches Trendviertel etabliert. Hier sitzt man aber auch zu nett! Mitten auf der Straße, in die das Sonnenlicht von Jaffas alten Fassaden bricht. Das Jericho ist der Newcomer, dafür gleich ins hübscheste Häuschen eingezogen. Auf dem kleinen Vorplatz sitzt man äußerst romantisch, drinnen an der Bar neben dem Taboun-Ofen geht es lauter zu. Auch hier funktioniert die simple orientalo-mediterrane Fusionsküche ausgezeichnet.
4 Pinchas Ben Yair Street, Jaffa, T 009 725 86 66 69 21, www.facebook.com/Jerichojaffa, tgl. 18–1 Uhr

Back to the roots

Onza Karte 4, D 13
Mit der Gentrifizierung Jaffas wurde auch die osmanische Vergangenheit wiederentdeckt. Im Onza gibt es Türkisch angehauchte, aufpolierte

Am Hafen lässt sich mit einer frischen Meeresbrise in der Nase essen gehen.

Volksküche, dazu die passende Musik und viel Alkohol im Pishpeshim-typisch hippen Ambiente.
Rabbi Hanina Street 3, Jaffa, T 009 72 36 48 60 60, www.onza.co.il, So–Do 18–23.30, Fr/Sa 12–15.30 und 18–0 Uhr

Middlefast

America Burgers Karte 2, F 11
Die Zeit der USA-Verehrung ist lange abgeklungen, heute zeugen nur noch die Skyline und Shoppingmalls davon. Doch während McDonald's und Co. nie richtig Fuß fassen konnten in Tel Aviv, stehen Edel-Burger hoch im Kurs. Der Laden auf der Allenby serviert nicht nur äußerst appetitliche Zutaten, sondern hat sich auch beim Design der Einrichtung Mühe gegeben, Tel Avivs besten Burgern alle Ehre zu machen.
Allenby Street 112, Lev Halr, T 009 72 35 28 02 81, Sa–Di 12–1, Mi 12–2, Do 12–3, Fr 12–0 Uhr

Lokalmatador

Abu Hassan C 13
Es ist schon beinahe eine Plattitüde. Aber ja, das beste Hummus, da sind sich alle einig, gibt es bei Abu Hassan. So einig sogar ist man sich, dass einige lästern, die Koexistenz zwischen Israelis und Palästinensern würde sich auf das gemeinsame Kichererbsenbrei-Schlingen

V
VEGAN

In Israel gibt es nicht nur **über 400 veganerfreundliche Restaurants** – selbst die Armee hat sich auf die neuen Soldaten eingestellt, die zumindest keinem Tier was zu Leide tun wollen: mit lederfreien Stiefeln, Baretts aus Wollimitat und Sojaschnitzeln. Dass sich gut die Hälfte der jüdischen Israelis **koscher** ernährt und damit an gewisse Tabus gewöhnt ist, ist nur eine Erklärung dafür, wieso der Veganismus gerade hier auf so fruchtbaren Boden trifft. Die andere: 60 Prozent von Israel ist Wüste. Zwei Drittel des Rindfleischs werden importiert. Dass das Fleisch als koscher zertifiziert sein muss, macht es nicht günstiger. Viele reduzieren den Konsum von Milchprodukten und Fleisch **aus finanziellen Gründen.** Nanuchka-Chefin Nana Shrier hat noch eine andere Erklärung parat: »Wir sprechen Tacheles! Wir sind nicht höflich. Wir sprechen über Dinge, die anderswo ein Tabu sind.« Dazu gehören auch die Bilder von toten Körpern, in die Haut geschriebenen Nummern und engen Käfigen: Shrier ist nicht die einzige, die in der **Massentierhaltung** übliche Praktiken mit **Konzentrationslagern** vergleicht. Sie berührten das kollektive Gedächtnis der Israelis. Der Ernährungssoziologe Rafi Grosglik glaubt, dass der Veganismus in Israel auch mit der hoffnungslosen politischen Lage zu tun hat. Enttäuscht vom Friedensprozess mit den Palästinensern, beschäftige sich die heutige Generation lieber mit sich selbst. Oder eben dem Retten von Tieren.

bei Abu Hassan beschränken. Wie auch immer, geben Sie sich als fortgeschritten aus, bestellen Sie »Msabacha« und rechnen Sie zwei Stunden Verdauungsschlaf ein, nach dem warmen Hummus mit Tahini und Bohnen.

Die authentischere Filiale liegt in der Ha-Dolfin St 1, Jaffa, T 009 72 36 82 03 87, So–Fr 8–15 Uhr, Sa geschl.

EXPERIMENTIERFREUDIG UND UNGEWÖHNLICH

Vietnösisch
La Ca Phe G 7

Wer sagt, dass man sich auf ein Genre festlegen muss? Das efeubehängte La Ca Phe ist äußerlich ein kleiner Kiosk auf dem Ben Gurion Boulevard, im Inneren dagegen eine herzige Vietnamesin mit französischem Savoir-Vivre. Das heißt, hier gibt es Kaffeespezialitäten neben Pho-Suppe und Frühlingsrollen und Croissants. Also alles, was Spaß macht. Dazu kann man gut Leute gucken.

Ben Gurion Boulevard/Ecke Dizengoff Street, offen, wenn man es braucht

Industrial Chic
A la Rampa F 13

Fühlt sich ein bisschen nach Entdeckungstour an, das A la Rampa im Süden Tel Avivs zu suchen. Dass sich hier im Industriegebiet die ein oder andere Perle versteckt, wissen nämlich sonst nur die Künstler der umliegenden Galerien. Durchweg leckeres Menü mit veganen Optionen in authentisch heruntergekommener Umgebung. Dazu Cocktails und gute Musik.

Ha'Amal Straße 21, Süd-Tel-Aviv, T 009 720 35 46 15 06, Mo–Sa 12–3, So 19–0 Uhr

Israeliatisch
Fifi's Karte 2, F 12

Mal Europa, mal Afrika, mal Asien – immer, wie man es nicht braucht, lästern die Israelis gerne über Tel Aviv. Das Fifi's in Florentin schmeckt genauso, als ob ein paar sehr große Asien-Liebhaber eine authentische Garküche aufmachen wollten, die den Geschmack Thailands, Taiwans oder Vietnams zelebriert, ohne so zu tun, als ob man sich damit besser

auskenne als ein echter Asiate. Außerdem ist es sehr gemütlich. Nachteil: Man muss oft lange warten. Vorteil: Dabei kann man schon mal vor dem Laden mit dem Trinken anfangen und nette Leute kennenlernen.
Zevulun Street 5, Florentin, T 009 72 36 47 63 63, So–Fr 18–23.45 Uhr

Das typische Schabbat-Morgen-Menü: Jachnun mit hartgekochten Eiern und würzigem ›S-chug‹

Anisanisanis
Pimpinella F 12
Gleich vorweg: Sie mögen kein Lakritz? Oder Fisch? Dann überspringen Sie diesen Tipp. Die Pimpinella verströmt Anisgeschmack und -geruch aus jeder Pore. Immerhin ist diese Restaurant-Bar nach der Pflanze benannt, aus dem das Mittelmeergewürz gewonnen wird. Das heißt, im Pimpinella wird ordentlich getrunken, und zwar: Arak, Ouzo, Pastis oder Sambuca. Dazu gibt es zum Beispiel gepökelten Fisch oder Ceviche und türkisches Gebäck mit Käse und Honig – und den passenden Mittelmeer-Soundtrack.
Nachalat Binyamin 115, Florentin, T 009 725 47 09 44 07, So–Do 11–1, Fr 10–2, Sa 18–1 Uhr

Chatschapuri Express
Tashtash Shvili D 13
Chatschapuri, das ist die georgische Version einer deftigen Käsepizza, ein handlicher Snack und seit dem großen Hype der georgischen Küche in Tel Aviv kaum noch wegzudenken aus den Essgewohnheiten der Städter. Die kleine Schwester des Restaurants Tash we Tasha in Jaffa hat sich auf die günstige Beilage-to-go spezialisiert. Frischer Hefeteig mit Käse und Ei in Schiffchenform, aufgemotzt mit Pilzen, Spinat, Knoblauch, karamellisierten Zwiebeln oder Blauschimmelkäse.
Olei Tzion Street 15, Jaffa, tgl. 12–1 Uhr

Socialeating
Eat With: HaBanot Karte 2, F 11
Israels Ruf als Start Up-Szene macht auch vor dem Essen nicht halt, die soziale Plattform »Eat with« ist inzwischen in vielen Städten rund um den Globus aktiv, aber in Israel wurde sie erfunden. Mahlzeit rauspicken, anmelden, Gleichgesinnte in einer Privatwohnung über dem Esstisch treffen, und sich von Gastgebern wie zum Beispiel »HaBanot«, den »Mädels« Keren und Yael, professionell bekochen lassen.
www.eatwith.com/@habanot/

JACHNUN

Nicht nur in jemenitischen Familien isst man die öligen Brotrollen, die **traditionell am Schabbatmorgen** zu Tomatensoße, Eiern und scharfem ›S-chug‹ gereicht werden. Gereicht sowohl als Kateressen oder einfach als uriges Erlebnis. Dazu am Samstagvormittag zum Beispiel in der HaYarkon Street 22 (E 10) vorbeigucken und dem Geruch in ein Wohnzimmer folgen, das einmal die Woche in ein Bistro für Jedermann verwandelt wird: Hier sitzen jemenitische Rentner neben Nachtschwärmern und Bauarbeitern.
Tipp: Um sich auf den Eyal Shani-Hype um den Blumenkohl einzustimmen, dieses Video gucken: https://www.youtube.com/watch?v=JVbnTHZE7ws.

Hauptsache lässig

Die Tel Avivis, die man von nachmittags bis frühmorgens in Cafés, Bars und Clubs trifft, haben die Kunst perfektioniert, extrem gut und extravagant auszusehen und dabei zu wirken, als ob sie nie mehr als zwei Sekunden in die Wirkung ihrer Fassade investierten. Dabei gibt es zwei Extrem-Phänomene: Im Sommer reduzieren selbst Bankangestellte auf Flip Flops und Shorts, im Winter sieht man zu Spätsommertemperaturen oft dramatische Mäntel und Rollkrägen. Argument: Sonst kann man den coolen Berlin-Style ja nie ausführen.

Trotz der demonstrierten Non-Chalance gilt Shoppen durchaus als Hobby. Mit dem USA-Fieber der Sechziger und Siebziger wuchs die Sehnsucht nach den großen ›Malls‹. Während die Architektur der Dizengoff Mall heute als Kuriosität abgestempelt wird, sind die 420 Läden trotz Verirrungsgefahr gut besucht, genau wie im Azrieli Center und gegenüber der Templer-Kolonie Sarona: In die braven deutschen Häuschen sind die Klamotten der üblichen Verdächtigen eingezogen, ebenso wie in die aufgerüschte alte Bahnstation HaTachana vor Jaffa.

Die ›Hipsterim‹ wiederum rümpfen die Nase ob dieses Konsumallerleis. Wer nicht sowieso grundsätzlich in Europa einkauft, hält sich an die vielen, kleinen israelischen Designer oder private Kleidertausch-Parties.

Grundsätzlich gilt: Geschäfte haben oft bis spätabends geöffnet, am Schabbat (Freitagnachmittag bis Samstag früher Abend) dagegen wird man nur in Jaffa fündig, oder aber nach Sonnenuntergang in den großen Malls.

War mal der Inbegriff von Tel Aviv, heute ist die Sheinkin Street eine Bummelmeile.

ZUM SELBST ENTDECKEN

Neben Antiquitäten wie Persischen Teppichen, Art-déco oder Bauhaus-Türgriffen und viel Schrott findet man im **Flohmarkt-Viertel** von Jaffa einige nette Boutiquen für Klamotten, Schmuck und Geschenke. Die ausgefalleneren Jungdesigner sitzen im **Gan Hahashmal** bei Florentin, die arrivierteren in der **Shabazi Street** in Neve Tzedek oder der **Sheinkin Street** hinter dem Markt. Eher kruschelig und polyesterös geht es in Allenby und King George zu. Extrem hochpreisig dagegen um den HaMedina Platz.

Im Shifra hat es alles, was man für ein Picknick im Park über der Altstadt von Jaffa braucht.

BÜCHER UND MUSIK

Gut aufgelegt

Third Ear Records G 9

Gerade 30 Jahre alt geworden ist Tel Avivs erste Adresse für Vinyl und CDs. Von Psychedelic zu New Wave, Progressive, Indie, Classic Rock über Jazz zu israelischer Musik unter eigenem Label. Dazu kommt das Sub-Label von Third Ear, das über 150 Titel an traditioneller, nahöstlicher Musik veröffentlicht hat. Auf der Bühne über dem Laden finden bis zu 50 Gigs im Monat statt.

King George Street 48, Stadtzentrum, www.facebook.com/ThirdEar/, So–Do 10–22, Fr 9–17, Sa 20–23 Uhr

Leserattig

Tola'at Sfarim Karte 2, F 10

Der Bücherwurm ist seit 1984 eine Institution, spezialisiert auf Kunst, Architektur und Fotografie. Außerdem Kinderbücher und Werke für Hobby-Psychologen. Zur breitgefächerten Buchauslage gehört eines der leserfreundlichsten Cafés der Stadt, in dem auch Veganer gut versorgt werden.

Mazeh Street 7, LevHalr, T 009 720 25 29 84 90, So–Do 8.30–22, Fr 8.30–17 Uhr, Sa geschl.

Stichhaltig

Antiquariat M. Pollak G 9

Seit 1899 sammeln die Pollaks alte Bücher, Drucke, Stiche und Karten aus Tel Aviv, Israel, Palästina. In der ›Stadt ohne Geschichte‹ eine wichtige Institution, die zeigt, dass Tel Aviv nicht immer Bauhaus und Baustellen war und Jaffa nicht nur ein Häuflein Ruinen. Interessant auch die antiken jüdischen Werke aus Europa und Deutschland. Im Kartenladen berät Frau Pollak, die ihr Deutsch aus Augsburg mitgebracht hat.

King George Street 36 und 42, Stadtzentrum, www.pollakmaps.com, So–Fr 9–14 und außerdem Do 16–19 Uhr

DELIKATESSEN UND LEBENSMITTEL

Eingeweckte Geschäftsidee

Shifra Karte 4, D 13

Das Café Puah ist das älteste Hipster-Café im Shuk HaPishpeshim (Flohmarkt). Hier kann man erstehen, worauf man sitzt und wovon man isst. Der Ableger-Shop an der Ecke dagegen ist recht neu, aber dank Puah-Charme bereits etabliert: Hier gibt es Pestos, Soßen, Brot, Käse, Oliven und Wein, selbstgemacht oder von kleinen Herstellern im Land zusammengesammelt und fürs Delikatessen-Niveau günstig. Perfekt, um sich für ein abendliches Strandpicknick einzudecken.

Yehuda Margoza 8, Jaffa, T 009 72 36 96 78 80, auch am Schabbat geöffnet!

Bioorganischgesund

Teva Castel F 8

So köstlich und gesund das israelische Essen ist, so verbreitet Veganismus und die Liebe zur nachhaltigen Landwirtschaft – und doch: Es ist gar nicht so leicht einen Bio-Markt in Tel Aviv zu finden … Der Teva Castel bietet alles, wonach sich sensible Mägen und Seelen sehnen, hat aber seinen Preis im Land der sowieso schon völlig überteuerten Lebensmittel.

Dizengoff St 101, Lev Halr, www.tevacastel.co.il/ So–Do 8–23.30 Uhr, Fr/Sa geschl.

Süßer Glatzkopf

Max Brenner Karte 2, G 11

Schokolade als Hauptnahrungsmittel – als zwei Israelis 1996 begannen, in einem winzigen Laden handgemachte Schokolade zu verkaufen, hätten sie sich sicher nicht träumen lassen, dass sie gut 20 Jahre später auf der ganzen Welt ›Schokoladenrestaurants‹ führen würden. Der holistische Ansatz: nichts, was es nicht gibt. Schokolade als Smoothie, Martini oder Pizza. Aber immer koscher.

Rothschild Boulevard 45, Lev Halr, www.maxbrenner.com, So–Mi 9–13, Do 9–14, Fr 9–15, Sa 9–14 Uhr

FLOH- UND STRASSENMÄRKTE

Fröhlichbunt

Griechischer Markt D 13

Neben dem täglichen Flohmarkt in Jaffa findet jeden Freitag in den Straßen des Greek Market rund um die Tische der Restaurants ein fröhlichbunter Kunstmarkt statt. Hier verkaufen Bastler, Sukkulentenzüchter und Jungkreative, was ihnen gerade so einfällt. Nette Atmosphäre.

Pinkhas Ben Ya‹ir Street, Freitags bis zum Schabbatbeginn

Geschmackssache

Kunsthandwerksmarkt Karte 2, F 10

Seit 1987 verwandelt sich die Fußgängerzone in der Nachalat Binyamin-Straße jeden Dienstag und Freitag in eine Bummelzone. Künstler aus dem ganzen Land verkaufen dann persönlich ihre Werke, die zuvor von einem Komitee bewertet wurden. Wer auf Selbstgemachtes, Absurdes und Kitschiges steht, wird hier glücklich.

Der Markt beginnt am oberen Ende der Nachalat Binyamin und brummt vor allem am Vormittag, Kerem

Süß oder herzhaft, Burger oder Sushi – im Sarona Markt gibt es wirklich nichts, was es nicht gibt!

Lehisdangef

= ›Dizengoffen‹ G 9

Aura und Ruf der einst so prächtigen und berühmten Dizengoff-Straße als Biotop der Flaneure sind längst verblasst. An einer Ecke des Platzes findet nun traditionell ein kleiner Klamottenflohmarkt statt. (Während der Renovierung zieht er an den Kikar Give'on um: Dienstag von 10 bis 16, Freitag von 7 bis 16 Uhr.) Außerdem wird die brutal brutalistische Dizengoff Mall jeden Donnerstag und Freitag zur Fressmeile. Sie beginnt am Eingang in Gebäude B und zieht sich durch die Korridore, aber vor allem durchs Untergeschoss. Eine gute Möglichkeit, sich günstig durch die eingewanderte

F FANCY

Fancy Essensstände gibt es im neuen **›Rothschild Allenby Market‹** (Rothschild Boulevard 36) oder dem **Sarona-Markt** (Aluf Kalman Magen Street 3), die Atmosphäre ist aber in der **Levinsky Street** weitaus netter und authentischer ...

Hausmannskost und klassische Schabbat-Gerichte der Marokkaner, Perser, Drusen, Iraker oder Asiaten zu testen. Wem das Kunstlicht den Appetit verdirbt, der sollte sich sein Mahl to-go geben lassen.

Dizengoff Street 50, Stadtzentrum, Do 12–20 und Fr 10–16 Uhr

Nicht Fisch, nicht Fleisch
Bauernmarkt am Port G 4

Nachdem der Port von Tel Aviv keiner mehr ist, eignet sich der Hafen natürlich hervorragend für einen Bauernmarkt! Jeden Freitag neben dem überdachten regulären Shuk HaNamal. Von gefüllten Weinblättern, über ein ›Malka‹-Boutique-Bier bis zum Zuckerrohrsaft gibt es alles für ein extravagantes Picknick auf dem Holzdeck an der Promenade.

Port Tel Aviv, Hangar 12, Old North, Do 12–18, Fr 7–18 Uhr

GESCHENKE, DESIGN, KURIOSES

Krimskrams
Asufa Karte 4, D 13

Viele schöne bunte Dinge wie erschwinglichen Schmuck, Keramik, witzige Rucksäcke oder schräge Gadgets für die Küche und allerlei nette Mitbringsel, designt von israelischen Designern, gibt es in diesem kleinen Laden im Shuk HaPishpeshim.

Yehuda Margoza Straße 8, Jaffa, www.asufadesign.com, So–Do 10–20, Fr 9–16, Sa 11–16 Uhr

Klare Linie
Papier H 8

Kalender, Notizzettel, Tagebücher – alle Menschen, die gern Listen führen, vor sich hinkritzeln, wichtige und nichtige Gedanken festhalten müssen, werden sich zwischen den Entwürfen von Sharon Brunsher und Shiran Rockaway aalen. Alles schön geometrisch, schwarz-weiß, und wenn möglich recycled.

Sderot David HaMelech 1, Old North, www.papier.co.il, So–Do 10–20, Fr 10–15 Uhr, Sa geschl.

Dufter Typ
Zielinski & Rozen Karte 4, D 13

Erez Rozen hat eine feine Nase, und in seiner Duftmanufaktur im Flohmarkt von Jaffa lenkt ihn nichts davon ab. Im Gegenteil: Der rauhe Industrial Chic seiner Parfümerie mit den schlichten Apotheker-Gläschen gibt den Düften ihren Raum. Könnte auch mitten in Paris sein, würde draußen auf der Straße nicht ab und zu ein Hahn krähen.

Olei Zion Street 5, Jaffa, www.facebook.com/ZielinskiRozen, So–Do 10–19.30, Fr 10–16 Uhr, Sa geschl..

Von Aleph bis Zadik: In dieser Papeterie atmet man Cellulose und was sonst dazu gehört.

Rundum schick
Saga Karte 4, C/D 13

So was nennt man wohl Direktvermarktung: Bei Saga finden Künstler eine Residenz mit angeschlossener Galerie und Laden. Im Shop findet man die schicksten Lampen, Kissenbezüge oder Vasen von ganz Jaffa.

Rabbi Pinchas Street 4, Jaffa, www.sagatlv.com. So–Do 10–20, Fr 9–20 Uhr, Sa geschl.

MODE UND ACCESSOIRES

Lederstrumpf
Mikanmor Karte 2, F 11

Veganer? Schnell weiterblättern! Die Designer von Mikanmor kommen aus den unterschiedlichsten Feldern, und so gibt es in dem kleinen Atelier in Neve Tzedek nicht nur moderne Taschen und Jacken aus butterweichem, ungewöhnlich verarbeitetem Leder, sondern auch Ohrringe und Halsketten.

56 Shabazi Street, Neve Tzedek, www.mikanmor.com, So–Do 10–19, Fr 10–15 Uhr, Sa geschl.

Die Zeitreise beginnt bei Aderet Second Hand schon im Schaufenster.

Unikum
C. Kalderon Karte 4, D 13

Auch Designerin Chanel Kalderon hat sich der Verarbeitung von Leder verschrieben, entwirft neben Taschen und Rucksäcken in ungewöhnlichen Formen und Farben aber auch ein paar Teile aus veganen Stoffen.

Ben Yair Street 8, Jaffa, www.ckalderon.com, So–Do 10–19, Fr 10–15 Uhr, Sa geschl.

Schatulle
Wise Versa Karte 4, D 13

Wer einmal durch den einladenden Eckladen spaziert, weiß, was in Jaffas hippem Pishpeshim-Viertel von den Ohren baumelt: Schmuck aus unterschiedlichen Materialien, von fragil bis markant, aber nie langweilig und mit Reparaturgarantie.

Amiad Stree 13/Olei Zion Street 8, Jaffa, T 009 725 05 55 33 44, So–Do 11–20, Fr 10–16 Uhr

Flüsterpost
Boutique 5 H 10

Die Art von Boutique, die man bei der nächsten Reise in fünf Jahren unbedingt noch mal aufsuchen will, aber plötzlich nicht mehr findet (zumindest ohne dieses Buch). Ein bisschen abseits der üblichen Bummel-Pfade liegt dieser feine Laden, in dem es sorgfältig ausgewählte Klamotten und Schmuck für den Hipster von heute gibt – von Marken aus dem Ausland sowie Tel Avivs angesagtesten Designern.

Lincoln Street 5, Stadtzentrum, T 009 72 35 62 33 91, So–Do 10–20, Fr 10–16 Uhr, Sa geschl.

Schon mal Geliebtes
Aderet F 9

Schon das bunte Schaufenster weckt Retro-Gefühle. Verlässliche Adresse für Wühlmäuse, Paradiesvögel und VintageliebhaberInnen. Quer durch die Jahrzehnte gräbt man sich bei Aderet, dabei wird regelmäßig frisch aufgefüllt.

Bograshov St. 53, Stadtzentrum, www.aderetstore.com, So–Do 10.30–20.30, Fr 10–16 Uhr, Sa geschl.

Vorreiterin
Ruby Star Karte 4, D 13

Als die Designerin Shirley Itzik vor ein paar Jahren als eine der Ersten

Schmuck statt Schmock heißt die Devise im Shuk HaPishpeshim, dem Flohmarktviertel – wie z. B. im Wise Versa.

eine moderne Boutique zwischen den ansässigen Händlern am Flohmarkt aufmachte, war die Miete noch bezahlbar. Beim Stöbern und Sammeln auf dem Markt findet sie Inspirationen für ihre Schmuckstücke: Wie in Jaffas alten Gemäuern, so verbinden sich auch in Itziks Designs die Epochen, Ethnien und Religionen. Trotzdem bleiben sie dabei lässig und modern.

Amiad Street 13, Jaffa, www.rubystar.co.il, So–Do 10–19, Fr 10–16 Uhr

Mustergültig

Bo Bo Karte 4, D 13

Nach dem Motto »In der Mode ist alles erlaubt« scheuen die Designer von Bo Bo auch vor den wildesten Mustern nicht zurück, in Kombination mit einem lässigen Schnitt kommt tragbarer Tel Aviver Sommer-Street-Style dabei raus.

Rabi Pinkhas 12 Street, Jaffa, www.bobo.fashion.com, So–Do 9.30–20, Fr 9–16 Uhr, Sa geschl.

Fuß-Fetischist

Arama F 13

Auf leiser und sehr hübscher Sohle ist man unterwegs, wenn man sich von Oded Arama eins seiner ungewöhnlichen Unisex-Modelle anpassen lässt. In allen möglichen Formen und Farben erhältlich, neben feinem Leder auch vegane Optionen – trotzdem bezahlbar und bequem.

Shoken Street 11, Süd-Tel-Aviv, www.so-arama.com, Öffnungszeiten auf Instagram oder nach Vereinbarung

Instantschick

story G 8

Go-to-Adresse von Hipstern und allen, die es werden wollen. Bei story gibt es erlesene Stücke von skandinavisch clean bis schräg. Jede der sieben Filialen hat dabei einen etwas anderen eigenen Geschmack. Und die »short story« am Dizengoff Platz ist die schönste Resterampe der Stadt.

Dizengoff Street 94, Stadtzentrum, www.storyonline.co.il, So–Do 10–20.30, Fr 10–16.30 Uhr, Sa geschl.

City of Sins

Wenn es etwas gibt, auf das Tel Aviv stolz sein kann, dann ist es das Nachtleben. Nicht nur ist die Stadt – in Relation zu ihrer Größe – eine der kosmopolitischsten der Welt, auch die Bar- und Club-Szene kann mit den ganz Großen wie London und Berlin mithalten.

Schon in den Dreißigern galt Tel Aviv als frivoles Ausgehrevier, die kostümierten Purim-Feiern waren dem Rest des Landes ein Sündenpfuhl, später provozierten die It-Girls von der Dizengoff, dann die alternativen ›Sheinkinites‹. Mit dem legendären Club Allenby 58 schließlich wurde Tel Aviv in den Neunzigern auch international als Epizentrum des Hedonismus bekannt. Ein Dokumentarfilm, der Tel Avivs Nachtleben gegen Jerusalem, und ja! New York, schnitt, zementierte die Stadt endgültig als ›City of Sins‹ ins kollektive Bewusstsein. Das Allenby 58 existiert zwar nicht mehr, aber heute muss sich Tel Aviv sowieso nicht mehr beweisen, die DJs aus Berlin kommen freiwillig angeflogen. Zur Gay Pride außerdem Touristen aus der ganzen Welt. Wobei letztens ein schwuler britischer Journalist das Nachtleben anerkennend als ›post-gay‹ beschrieb. Nicht nur ein Viertel, nein die ganze Stadt sei homosexuell – und das nicht nur zur Gay Pride.

Der echte Feierspaß beginnt erst am frühen Morgen, Kneipen und Bars wiederum sind lange geöffnet, um einen buchstäblich fließenden Übergang zu bieten. Alle Arten von Partydrogen sind ebenso geläufig (und verboten) wie in Berlin (aber teurer). Joints dagegen werden in vielen Kneipen so offen geraucht und durchgereicht wie die Selbstgedrehten mit reinem Tabak.

Im LGBT-Center startet die jährliche Parade, am Strand wird eine Massenparty daraus.

ZUM SELBST ENTDECKEN

Am früheren Abend findet man im **Shuk HaPishpeshim** in Jaffa viele nette Restaurants und Bars, in **Florentin** sowieso, außerdem im **Lev HaIr** zwischen Allenby und Rothschild. Und in allen drei Ecken gibt es auch jeweils einige gute Adressen für Live-Konzerte. Wirklich getanzt wird später, vor allem rund um den Rothschild Boulevard: Im **Breakfast Club** oder im **Alphabet** zum Beispiel – und natürlich in **The Block** in Neve Sha'anan, Tel Avivs »Berghain«.

BARS UND KNEIPEN

Obenauf

The Prince Karte 2, F 10

Wer nach anfänglicher Verwirrung den richtigen Eingang ins Treppenhaus dieser Dachterrassenbar gefunden hat, wird sich selbst beglückwünschen. Hoch über den alten Bauten in der Fußgängerzone in der Nachalat Binyamin schmecken die Cocktails einfach noch besser.

Nachalat Binyamin 18, Kerem HaTemeinanim, T 009 72 58 60 61 81, So–Do 5–1, Fr 12–1, Sa 18–1 Uhr

Einzelstück

Shpagat Karte 2, F 11

Die beste (und einzige) echte Schwulenbar in Tel Aviv, weil sich das Feiervolk hier sowieso mischt und die LGBT-Community stark vertreten ist. Trotzdem ist mann heterofreundlich im Shpagat. Nett da, und guter Platz, um den Leuten auf der Sraße zuzugucken.

Nahalat Binyamin St 43, Lev Halr, T 0009 72 35 60 17 58, So–Do 18–2, Fr 12–17, 21–4 Uhr

Kultiviert

Imperial Cocktail Bar E 9

Gehört in die Kategorie Geheimtipp. Wer würde schon erwarten, dass sich in der grauen HaYarkon Street dieses illustre Stück asiatischen Kolonialstils mit stilsicher geschüttelten Cocktails verbirgt? Mit Jazz und Bartendern, die aussehen wie aus einer Broschüre für einen Mixology-Lehrgang …

Hayarkon Street 66, Stadtzentrum, T 009 727 32 64 94 64, Sa–Mi 18–2.30, Do/Fr 18–3 Uhr

Gut gelaunt

Bicicletta Karte 2, F 10

Da wo das Fahrrad im Fenster hängt, hinten durch in den Hof … Fühlt sich irgendwie immer nach Gartenparty bei Freunden an, diese Restaurant-Bar. Bei Freunden mit ausgezeichnetem Geschmack, wohlgemerkt, die auch noch sehr gut kochen können.

Nachalat Binyamin 29, Lev Halr, www.bicicletta.rest.co.il, So–Do 18–2, Fr/Sa 12–2 Uhr

Wohnzimmer

Shaffa Bar Karte 4, D 13

Die Bar mit dem großen roten Lampion im Shuk HaPishpeshim in der Fußgängerzone ist insgeheim ein Imperium – und der Renner unter den Café-Bars hier. Das Asia-Restaurant nebenan gehört dem gleichen Besitzer und auch der Frisör an der Ecke. (Bestes Souvenir: ein Haarschnitt von Meni! Der weiß, was Haare brauchen, und erzählt dabei von seinen Reisen um die Welt.) In der Shaffa-Bar geht's mindestens so intim zu, und wer einmal zur Familie gehört, kommt immer wieder. Auch zu den Mottopartys natürlich, die hier regelmäßig geschmissen werden. Das meiste spielt sich draußen auf der Straße ab, an Tischen, auf den Stufen oder den kitschigen Sofas. Die Speisekarte schmeckt so phantasievoll, wie sie sich liest. Und am veganen Sonntag gibt's den besten Cocktail für Leute, die heute eigentlich mal nix trinken wollten: Rote Beete, Ingwer, Gin.

Nachman Street 3, T 009 72 36 81 12 05, tgl. 9–2 Uhr

Kleopatrös

Nilus F 9

Zu Zeiten, als hier noch die Briten das Sagen hatten, war dieses zweigeschossige Schmuckstückchen ein Hotel, später ein Krimskrams-Laden. 2016 ist das Nilus eingezogen und mit ihm eine junge Szene-Entourage, die sich sehen lassen kann, und auch will: Künstler, Filmemacher, Musiker, die frischgepressten Orangensaft mit Gin trinken und von einem Tisch zum nächsten hüpfen.

Allenby 33, Stadtzentrum, T 009 72 36 44 46 27, So–Fr 18–3, Sa 19–3 Uhr

Kneipkur

Minzar Karte 2, F 10

Die Tel Avivis sind verwöhnt und anspruchsvoll, was ihre Abendgestaltung angeht. Aber manchmal sehnt man sich zwischen all den sich überschlagenden Neueröffnungen oder ironischen Interieurs oder surreal schönen Bedienungen einfach nach – einer Kneipe. Für solche Momente ist das Minzar da. Verlässlich

Im Teder F.M. wird getrunken, getanzt, Pizza gegessen – und die Hipster-Kluft ausgeführt.

rund um die Uhr(!) geöffnet und leicht zu finden, neben dem Carmel-Markt. Bier und Wein sind etwas günstiger als anderswo, die Speisen gut und deftig.
Allenby Street 60, Stadtzentrum, Happy Hour 8–20 Uhr

Um die Ecke

Uganda Karte 2, F 11
So wie das (relativ) kleine afrikanische Land einmal als Alternative für einen israelischen Staat angedacht war, sitzt die Bar ab vom Schuss in einer Passage als ›die andere Option‹. Das Uganda ist gleichzeitig ein unabhängiges kleines Verlagshaus, bewirbt israelische Electro-Labels und schenkt die palästinensische Bier-Marke »Taybeh« aus.
Simtat Beit HaBad 4, Florentin, www.facebook.com/uganda.tlv, tgl. 20–3 Uhr

Retrofuturistisch

Sputnik Karte 2, F 11
War mal ein Uhrenladen, sieht man ihm aber nicht mehr an. Gute DJs, Ecken zum Chillen, Trinken und Tanzen, ein Garten, was zu essen und ab und an ein Live-Act. So fängt man die ›Hipsterim‹ bestimmt. Wenn das Ganze dann noch nett aussieht und so zentral liegt wie das Sputnik, ist der Kultstatus garantiert.
Allenby Street 122, Lev Halr, www.facebook.com/sputnikTLV, So–Do 19–7, Fr 21–9 Uhr

Von wegen Zuckerpuppe

BuXa Karte 2, F 11
Im roten Dämmerlicht macht die Puppensammlung, die im BuXa fürs Interieur zuständig ist, durchaus was her. Auch sonst sind Stimmung, Publikum und Musik eher edgy im BuXa. Und nie langweilig. Achso, und Kunst gibt's auf allen Ebenen und oben sogar Nachtluft.
Rothschild 31, Lev Halr, T 009 725 85 11 15 58, tgl. 21–5 Uhr

Kann was

K Bar Karte 2, F 11
Die K Bar ist so eng, dass automatisch das Gefühl ensteht, dazuzugehören. Wozu auch immer. Gleichzeitig ist die Musik so gut und laut, dass man sich nicht zu unterhalten braucht. Also eigentlich die perfekte Einzelgängerbar. Aber natürlich auch nett, um sich zu mehreren hineinzuquetschen. Angenehm gemischtes Publikum. Praktisch gelegen, um sich auf den Breakfast Club einzustimmen.
Herzl Street 4, So–Mi 19–5, Do/Fr 20–5, Fr 21–5 Uhr

LIVEMUSIK

Unterirdisch gut

Pasáž Karte 2, F 10
Tagsüber würde hier Niemand eine Bar vermuten, in der die ganze Bandbreite

an alternativer Musik gespielt wird, von einheimischen Indie-Bands über Old-School-Hip-Hop zu DJs aus aller Welt, die irgendeine schräge Nische bedienen.
Allenby 94, Stadtzentrum, www.facebook.com/PasazAllenby, tgl. 21–4 Uhr

Geschmackverstärker
Barby F 13
Wer in Tel Avivs Musikszene eintauchen will, sollte regelmäßig ins Barby gucken. Denn hier spielen sie alle. Das Barby ist ein reiner Live-Club und ist klein genug, um ein intimes Konzerterlebnis zu bieten, und geräumig genug, damit man sich dabei bewegen kann.
Qibbutz Galuyot Road 52, www.barby.co.il

Indie-Höhle
Levontin 7 Karte 2, G 11
Auch im Levontin 7 ist eigentlich immer was los. Wenn keine coole Band spielt, wird zu Libertines und Co. getanzt. Dazu gibt es vegane Pizza von der Grünen Katze.
Levontin 7, Süd-Tel-Aviv, www.facebook.com/levontin.seven, 20–2 Uhr

Ohrwurm
Ozen Bar G 9
Gehört zum Reich des »Third Ear«-Plattenladens und -Labels und verspricht schon deshalb gut ausgewählte Konzerte. Von Folk zu Pop, Rock zu Noise, Funk zu Hip Hop. Hier treten die heißesten Bands auf, aber es gibt genauso nostalgische Reunions. Außerdem Stand-Up-Events, Lesungen oder Poetry Slams. Im angeschlossenen Café kann man schon vor der Show entspannt sitzen und snacken.
King George Street 48, Stadtzentrum, www.ozenbar.com/english/, tgl. ab 20 Uhr

Florentin-Flair
Hoodna E 12
Die Hoodna-Bar ist ganz und gar Florentin. Zwischen Graffiti und abgerockten Werkstätten, auf abgeranzten Sofas, trinkt man günstig und hört gratis Musik von israelischen Bands. Um die Ecke liegt die Casbah, die extrem gemütliche Café-Bar vom gleichen Besitzer, falls der Hunger kommt.
Abarbanel Street 1, Florentin, www.facebook.com/hoodnabar, Do–So 18–3, Fr/Sa 13–3 Uhr

Immer gut
Rothschild 12 Karte 2, F 11
Viel spricht dafür, das Rothschild 12 ins Nachtprogramm miteinzubeziehen: Es liegt extrem zentral in einem charmanten alten Haus direkt am Rothschild, die Stimmung ist immer gut, das Publikum angenehm, es gibt einen großen Garten – tagsüber isst man hier gemütlich – und fast jeden Abend wird es voll, weil eine Band spielt, sonst legen DJs auf.
Rothschild Boulevard 12, Lev halr, www.rothschild12.co.il, tgl. ab 20 Uhr

STADTTYPISCH

Pop Up
Teder.fm Karte 2, F 12
Ursprünglich eine Pop-up-Bar des gleichnamigen Radio-Senders, hat sich der Teder-Bar-Garten in einem abgeschrammelten Innenhof längst als DIE Adresse des Sommers etabliert. Er ist sozusagen zum natürlichen Habitat des Tel Aviver Hipsters geworden, wobei sich hier inzwischen auch Normalos aufhalten. Mehr braucht man nämlich nicht: Ständig spielen hier Bands und finden Partys statt, dazu gibt es die unverschämt gute Pizza von Eyal Shani. Und weil die Teder-Bar gleich in den ersten Stock hochgewuchert ist, findet man hier mit dem »Romano« eines der angesagtesten Bar-Restaurants der Stadt, das sich natürlich auch zu später Stunde in eine Tanzfläche wandelt.
Derech Jaffa 9, www.teder.fm/en/, Mo–Fr 20–3.30, Sa 16–3.30 Uhr, So geschl.

Synergetisch
Kuli Alma Karte 2, G 11
Das Kuli Alma spiegelt Tel Avivs nächtliche Szene gut wider: Nonstop bilden sich Synergien zwischen Kunst, Musik und Party, wird Alkohol, Design und Tanz zu einem unterhaltsamen Cocktail gemischt. Das Kuli Alma ist Galerie, Dancefloor, Bühne, Biergarten, Pop Up Design-Shop und Bar in einem und auf

mehreren Ebenen. Hier wird einem nie langweilig!

Mikveh Israel Street 10, Süd-Tel-Aviv, www.kulialma.com, tgl. 21–5 Uhr

Mehr am Meer

Container ✪ C 13

Im alten Hafen von Jaffa geht es spätabends eher ruhig zu. Eine Ausnahme ist der Container, noch so ein Multifunktionswunder: diesmal aus Fischrestaurant, Art Space, Bar und Bühne. Alle drei Wochen wird der Raum mit neuer Kunst bespielt, dazu kommen DJs und Live Bands.

Warehouse 2, Jaffa Port, www.container.org.il, So–Do 12–1, Fr/Sa 10–1 Uhr

TANZEN

Mythos

The Block ✪ G 13

Die Tel Avivis sind besessen von Berlin. Und The Block ist der Club, mit dem sie ihren eigenen Berghain-Mythos erschaffen. Zwar fehlt der strenge Türsteher, aber auch hier gilt die Regel: keine Fotos, kein Telefon. Was im Club passiert, bleibt im Club. Getanzt wird auf drei Ebenen zu hartem Techno und House. Die Tatsache, dass sich The Block in der sonst geschmähten Zentralen Busstation befiindet, trägt zur undergroundigen Atmosphäre bei. Dass es Rabatt gibt, wenn man vor 1 Uhr kommt, ist nur ein Hinweis darauf, dass es hier erst gut eine Stunde später wirklich losgeht. Dafür hält man bis 7 oder 8 Uhr durch. Die besten Partys sind am Donnerstag.

Salame Road 157, Neve Sha'anan, www.blockclub.com, Do/Fr 23.30–8 Uhr, Eintritt ab 60 NIS

Institution

Breakfast Club and Milk Bar ✪ Karte 2, F 11

Das Breakfast gehört zu den verlässlichen Adressen, wenn einem einfach nach Tanzen ist. Im dunklen Breakfast verliert sich zu House und Techno schnell Zeit und Raum. Hier kann man gut auch mal alleine hingehen. In der Milk Bar nebenan geht es geselliger und funkiger zu. Perfekte Kombi, wenn man in einer tanzfaul gesinnten Gruppe unterwegs ist und sich nur ab und zu mal für ein paar Minuten abseilen will.

Rothschild Boulevard 6, Lev Halr, www.facebook.com/breakfastclubtlv/, Do–Sa 22–8 Uhr

Gib mir Bass!

Alphabet ✪ Karte 2, G 11

Garant für wilde Parties: relativ klein mit irrem Sound System, wöchentlich neuem DJ-Line Up aus Israel oder dem Ausland und teils schön schrägen zirkusartigen Drag-Performances. Auf einem Dance Floor geht es etwas moderater zu mit Möglichkeiten zum Sitzen, im anderen wummert es ordentlich und es gibt eine lange Bar. Im Alphabet geht es teils schon gegen Mitternacht zur Sache und draußen steht bereits eine lange Schlange. Wie überall ist Alkohol sehr teuer. Den Grüppchen, die gemeinsam aus der Klotür treten, sieht man aber an, dass ihnen Wasser als Flüssigkeitszufuhr heute reichen wird.

Ahad Ha'Am 54, Lev Halr, www.facebook.com/ALPHABETLV, Do–Sa 23.30–8 Uhr

tanzbar

Radio E.P.G.B ✪ Karte 2, G 11

Strenggenommen eher eine Bar mit täglich wechselndem Programm von Hip Hop zu Electro, House, Techno und auch mal Disco. Der typische Tel Aviver Longdrink aus Arak und Grapefruit wird hier mit frisch gepresstem Saft gemixt. Noch eine Option am Rothschild, um sich die Nacht um die Ohren zu schlagen.

Shadal Street 7, Lev Halr, www.facebook.com/radioepgb, tgl. 21.30–6 Uhr

Alter Hase

Lima Lima ✪ Karte 2, F 11

Im Lima Lima gibt es keine ironisch wippenden Füße, hier werden die Hüften geschwungen. Und zwar schon seit zehn Jahren, zu Old-School-Hip-Hop, Reggaeton, Latin Music oder Deep House, je nach Tag. Außerdem gibt's eine atmosphärische Outdoor-Lounge zum Luftschnappen.

Lilienblum St 42, Lev Halr, www.facebook.com/LimaLimaBar, Mo–Sa 22–5 Uhr

KINO

Internationale und israelische Arthouse-Filme, teils auch mit englischen statt hebräischen Untertiteln gibt es im **Cinema Lev** (✪ G 9) im 1. Stock des Dizengoff-Centers.

Dizengoff Street 50, Stadtzentrum 009 73 36 21 22 22

Die **Cinemateque** (✪ H 10) zeigt nicht nur israelische wie internationale Filme, sondern veranstaltet außerdem Festivals wie das internationale LGBT-Filmfestival »TLV Fest,« das Dokumentarfilmfest »Dok Aviv« oder die »Moments of French Cinema«.

Shprintsak Street 2, www.cinema.co.il/english/, www.tlvfest.com, www.docaviv.co.il/org-en/

Der **Left Bank Cine Club** (✪ Karte 2, G 11) ist eine Art Polit-Untergrund-Cineasten-Verein, der immer wieder Interessantes ausgräbt. Happening!

Ahad Ha'Am 70, www.facebook.com/LeftBankMC

Stille Nacht, Weiße Nacht? Silent Disco während der Laila Lavan

KULTURANGEBOT PLUS INFOS

Das **EPOS International Art Film Festival** ist der Schnittstelle zwischen Kunst und Kimo gewidmet und wird jeden März vom Tel Aviv Museum of Art veranstaltet. Neben den Filmen gibt es Lesungen, Workshops und Ausstellungen.

www.facebook.com/EposFilmFestival

Die **Pride Week** findet im Juni statt, und verwandelt Tel Avivs Strand und Clubs in einen endlosen Regenbogen. Parallel gibt es jede Menge kulturelle Events, Partys und Raves. Und die ganze Stadt feiert auf der Parade mit.

www.facebook.com/tlvpride

Die **Laila Lavan** (Weiße Nacht) besteht eigentlich aus drei Nächten, in denen sich die ganze City als Partylocation versteht und als Stadt feiert, die niemals schläft. Geschäfte und Restaurants, Galerien und Museen bleiben einfach offen, die Straßen sind voll mit Menschen und an jeder Ecke gibt es kulturelle Veranstaltungen und Konzerte.

Rund ums letzte Juni-Wochenende

Einmal im Sommer, gewöhnlich im August, veranstaltet die **Israelische Oper** eine Aufführung im HaYarkon-Park. Der Eintritt ist frei, und am Besten bringt man sich ein Picknick zur kulinarischen Begleitung der Klassiker mit.

www.israel-opera.co.il/eng/

Das Viertel Neve Sha'anan war ursprünglich in Form einer Menora geplant. Beim jährlichen **Night Light Festival** (22–24. Dezember) wird die multikulturelle Vielfalt des Viertels mit Performances, Lichtinstallationen und Projektionen, Essen, Führungen und Partys zelebriert. Ein leuchtendes Zeichen vorallem auch gegen die Politik, die Nachbarschaft und Bewohner im besten Fall vernachlässigt.

Philharmonie: www.ipo.co.il/en/

Oper: www.israel-opera.co.il/eng/

Batsheva Dance Company: www.batsheva.co.il/en/home

Newsletter von **Haaretz:** www.haaretz.com/misc/newsletters-page/haaretz-life-and-culture

Events und **Festivalkalender** für Israel: www.secrettelaviv.com/tickets/categories/music-festivals

Worüber spricht Tel Aviv? www.diytelavivguide.com/blog/

Hin & weg

ANKUNFT

... mit dem Flugzeug: Mit dem Zug, der etwa alle 20 Minuten kommt, fährt man direkt aus dem Flughafen heraus in zehn Minuten in die Stadt. Das Ticket kann man bar oder mit Kreditkarte bezahlen und kostet nur um die 13 Shekel. Landet der Flieger nachts oder während des Schabbat, dann oben am Eingang ein Taxi nehmen, es sollte 120 bis maximal 170 Shekel (nachts und viele Koffer) kosten. Wer sich schon am Flughafen eine SIM-Karte mit Internetguthaben kauft, findet sich über die Google-Maps-App gut im (meist auf Hebräisch beschrifteten) Zug- und Busverkehr zurecht.
... mit dem Auto: Wer mit dem Leihauto aus Jerusalem kommt, ist wahrscheinlich sowieso mit Navi oder Google Maps unterwegs. Die israelische App Waze ist noch genauer, was Stau-Vorhersagen und Umwege ansagt. Achtung: Die meisten Israelis halten sich nur sehr grob an Spurwechselregeln. Blinker sieht man recht selten.
... mit dem Bus: Busse aus Jerusalem und dem Rest des Landes halten für gewöhnlich entweder an der Central Busstation in Neve Sha'anan im Süden oder am offenen Arlozorov-Terminal im Norden. Meist ist es einfacher und schneller die letzten Meter mit einem Taxi zurückzulegen. Vorher einen Preis festlegen! Kurze Strecken sollten nicht mehr als 30 oder 40 Shekel kosten.

INFORMATIONEN

Strandpromenade:
Herbert Samuel Street 46, So–Do 9.30–17.30, Fr 9–13 Uhr
Jaffa Information center:
Marzuk and Azar Street 2, So–Do 10–17, Fr 10–3 Uhr
Dizengoff Center: So–Do 10–20, Fr 10–16 Uhr
www.tel-aviv.gov.il: Offizielle Website der Stadt Tel Aviv-Yafo

TEL AVIV IM NETZ

www.happyintlv.net: Lokale Website mit aktuellen Tipps und Infos zu allem, was die Stadt bewegt, inklusive Essen, Trinken und Nightlife.
www.timeout.com/israel: Britische Seite, die auch für Tel Aviv umfassende Adressen zu Kultur, Essen, Clubbing und Einkaufen bereithält.
www.en.shuktlv.co.il: Übersicht über die Shuks, also die Märkte, von Tel Aviv

REISEN MIT HANDICAP

Zwar sind die großen Busse auf Rollstühle eingerichtet, es gibt Behindertenparkplätze und in Museen wird der Schwerbehindertenausweis für Ermäßigungen meist anerkannt. **Barrierefreiheit** ist jedoch gerade in etlichen Lokalen, bei einigen Hotels und bei manchen Sehenswürdigkeiten sowie in öffentlichen WCs nicht immer gegeben. Infos finden sich auf der Seite der Organisationen **Access Israel** unter www.aisrael.org und **Access Unlimited** unter www.access-unlimited.co.il.

SICHERHEIT UND NOTFÄLLE

Tel Aviv und Israel im Allgemeinen, wie übrigens auch das Westjordanland, sind wesentlich unproblematischer, was die Sicherheit angeht, als es sich viele angesichts von Medien-Berichten vorstellen. Im Alltag gibt es auf israelischer Seite kaum Einschränkungen durch den Konflikt. Und sollte die Lage tatsächlich ›kriselig‹ werden, kann man sich immer noch in den Flieger nach Hause setzen. Aufpassen sollte man dafür im Straßenverkehr – und vor allem

Am Flughafen Zeit einrechnen: Vor allem alleinreisende Frauen werden lange durchgecheckt.

in der Nähe von Kamikaze-Helden auf Elektro-Fahrrädern.

Wer sich unsicher fühlt: Vor der Reise beim Auswärtigen Amt nachfragen: www.auswaertiges-amt.de

Botschaft der Bundesrepublik Deutschland: Daniel Frisch Street 3, T 009 72 36 93 13 13, www.tel-aviv.diplo.de

Tourist Police Office: Dizengoff Street 221, T 009 72 35 45 44 44

Polizei: 100

Rettungswagen/Notarzt: 101

Feuerwehr: 102

UNTERWEGS IN TEL AVIV

Öffentlicher Nahverkehr

Tel Aviv ist kleiner, als es einem vormachen will, und gut zu Fuß zu bewältigen – wenn man nicht gerade vom äußersten Süden in den HaYarkon Park möchte. Weil der Bau der seit Jahrzehnten **geplanten Metro** sich trotz begonnener Arbeiten sicher noch eine ganze Weile hinziehen wird, ist man ansonsten auf das **Busnetz** angewiesen. Das ist einerseits engmaschig genug, auf der anderen Seite macht der heftige Verkehr den Abfahrtszeiten immer wieder einen Strich durch die Rechnung. Was die Israelis wahnsinnig macht, dürfte als Tourist mit genug Zeit jedoch nicht stören, irgendein Bus kommt in der Innenstadt doch immer vorbei. Mit 5,90 NIS pro Fahrt sind sie auch ziemlich günstig. Daneben gibt es die aufladbaren **Rav-Kav-Karten** (20 % günstiger als Einzelfahrkarten) sowie eine Rav-Kav-Tageskarte im Abo (15,20 NIS).

Hier gibt es eine Karte des Busnetzes in der City: www.dan.co.il/Eng/pages/1395.aspx

Am einfachsten ist es aber, die Strecke auf Google Maps mitzuverfolgen oder im Notfall den Busfahrer zu fragen, wenn man die Stationen auf Hebräisch nicht entziffern kann oder versteht. Zusätzlich gibt es die **›Monit Sherut‹-Mini-Busse.** Hier ist das Streckensystem noch undurchsichtiger und man fragt sich am besten durch. Vorteil: Sie fahren auch am Schabbat und außerdem ist es ein nettes Erlebnis. Im Monit Sherut ist Tel Aviv nämlich schön uneuropäisch: Man kann mitten auf dem Weg ein- oder aussteigen und das Geld wird über den Vordermann durch die Reihen gereicht. Der Fahrer, der meist noch am Telefon hängt, schafft es irgendwie trotzdem, sich das jeweilige Wechselgeld zu merken, und der ganze Bus passt auf, dass es beim richtigen Empfänger landet.

Mit dem Taxi

Taxis sind omnipräsent in Tel Aviv. Aber auch hier ist der zähe Verkehr oft der limitierende Faktor. Kurze Stadtfahrten sollten tagsüber 25–50 NIS kosten. Einige Taxifahrer sind schwarz unterwegs, geben nur auf Nachfrage eine Rechnung raus und dann aus einem obskuren Stapel, andere wiederum sind sehr korrekt und grundsätzlich mit Taxameter unterwegs.

Airport Taxi 009 72 39 71 11 03 (nur zum Flughafen Ben Gurion), **Balfour Taxis** 009 72 35 60 45 45, **HaBima Taxis** 009 72 35 38 31 31, **HaYarkon Taxis** 009 72 35 22 32 33, **HaTzfon Taxis** 009 72 36 02 02 10

Fahrradverleih

Von den Distanzen und der Topographie her ist Tel Aviv eine optimale Fahrradstadt – was die Infrastruktur angeht, jedoch nur an der Promenade entlang oder auf den Boulevards. Im normalen Straßenverkehr aufpassen! Nicht nur Autofahrer ignorieren einen, die Elektro-Fahrrad-Fahrer sind fast noch gefährlicher.

Neben Fahrradverleiher wie **Rosen & Meents** (HaYarkon 40, T 009 72 15 99 50 10 90) bieten einige Hotels und Hostels ihren Gästen Räder an.

Am praktischsten aber sind die grünen **Tel-O-Fun-Bikes** (wenn man das System einmal durchblickt hat), mit 70 über die Stadt verteilten Terminals (www.tel-o-fun.co.il). Für die Miete braucht man nur eine Kreditkarte. Die erste halbe Stunde ist kostenlos, danach kosten 30 Minuten ab 5 NIS.

Der entspannteste Weg von Nord nach Süd: mit dem Tel-O-Fun-Bike die Promenade entlang

STADTRUNDFAHRTEN UND -FÜHRUNGEN

CTLV: Eine Reihe sehr interessanter, sympathisch aufgezogener, alternativer Stadtführungen bietet CTLV an. Eine Gruppe neugieriger urbaner Entdecker, wie sie sich selbst beschreiben: Designer, Künstler, Journalisten, Architekten oder Soziale Aktivisten. Mission: Die Teile der Stadt zu beleuchten, die normalerweise übersehen werden, oder sogar gemieden – und damit Tel Avivs Vielfalt zu zeigen. Ob es nun um die Schwulenszene in den Dreißigern geht, das kuriose Innenleben der Zentralen Busstation, Street-Art oder die Spuren der Freimaurer. Die Führungen dauern meist um die zwei Stunden, können aber je nach Interesse kombiniert werden. Alle Altersklassen sind willkommen.

Infos unter www.ctlv.org.il

Tarbush: Auf die humorigen Aspekte der Geschichte konzentrieren sich die Touren von Tarbush. Geführt von Comedians und Schauspielern werden Neve Tzedek, Florentin oder die Bialik Street zur Bühne. Einige der Touren werden auch auf Deutsch angeboten.

Infos unter www.tarbush.org

Streetwise Hebrew: Guy Sharett hat es unter Hebräisch-Lernenden zu einer gewissen Bekanntheit gebracht, mit seinem charmant gemachten Podcast Streetwise Hebrew, in dem er Etymologisches und Slang auseinandernimmt. Außerdem bietet der Linguist an, auf Street-Art-Touren durch Florentin der Hebräischen Sprache näher zu kommen, oder sogar auf dem Trumpeldor Friedhof.

T 009 725 46 62 33 14, Guy@StreetWise Hebrew.com

TLVEG: Veganer haben es zwar nicht schwer in Tel Aviv was Ordentliches zum

Essen zu finden. Aber wer sich durch fünf Lokale auf einmal futtern will, bekommt hier für 190 NIS ein unschlagbares Angebot.

Tgl. 12.30 Uhr, Treffpunkt: Simtat beit hashoeva 20, vorher reservieren: www.betelavivtours.com/eng/TLVEG_Tours

Alt-Jaffa: Jeden Mittwochmorgen um 10 Uhr bietet die Stadt eine Gratistour durch Jaffas Altstadt an, inklusive Flohmarkt, ärchäologische Stätten und den Park. Kostet nichts, aber ein Trinkgeld wird erwartet. (Und man sollte sich im Klaren sein, dass man wahrscheinlich nur die israelische Narrative hören wird, was ja wiederum interessant ist.)

T 009 72 35 16 61 88, global_city@mail.tel-aviv.gov.il

Tel Aviv bei Nacht: Jeden Dienstag um 20 Uhr wartet ein Stadtführer an der Hecke Rothschild/Herzl, um durchs (frühe) Nachtleben zu führen, die Atmosphäre in den Lokalen zu schnuppern und ein paar Anekdoten loszuwerden. Kostet 60 NIS, wobei aber ein Getränk inbegriffen ist.

T 009 72 35 16 61 88, global_city@mail.tel-aviv.gov.il

Weiße Stadt: (Ebenfalls ein gratis Angebot der Stadt!) Die Bauhaus-Tour jeden Samstag ab 11 Uhr mit Start am Rothschild Boulevard 46. Von bunten Traumhäusern zum Weltkulturerbe.

T 009 72 35 16 61 88

Und im Westen nichts als Meer

Doppeldecker-Stadtrundfahrt: Die Dan-City-Tour bietet eine festgelegte Tour (Buslinie 100) quer durch die Stadt und entlang der Küste an, auch auf Deutsch, per Kopfhörer. Das Ticket (Normalpreis 65 NIS, ermäßigt 56 NIS) ist 24 Stunden gültig und kann »Hop On Hop Off« benutzt werden. Die Busse fahren am Reading-Busterminal, auf der anderen Seite des Yarkon-Flusses, ab.

Infos unter www.dan.co.il

GUTE BLOGS UND SEITEN

www.telavivian.com: Begann 2012 als Onlinemagazine über die örtliche Kunst-Mode-Musik-Genuss-Szene. Ist heute eine sorgfältig kuratierte Szene-Fibel, samt City-Guide und Podcast mit Interviews spannender Tel Avivis.

www.diytelavivguide.com: Der Blog zum alternativen City Guide, gefüttert mit dem Schwarmwissen der Einheimischen, mit Hinweisen zu wöchentlichen Events und allen möglichen praktischen und brauchbaren Tipps ohne werbliche Hintergedanken.

www.yomyom.co: Tolles Projekt! Ein Gruppe passionierter Neu-Israelis aus Russland hat sich vorgenommen anhand von Interviews mit Locals lokale Phänomene auseinanderzunehmen. Die ersten Folgen drehen sich um Tel Aviv. Themen sind beispielsweise die Schwulenszene, afrikanische Einwanderer, Street-Art oder das Nord-Süd-Gefälle. Ein guter Startpunkt, um die Stadt zu verstehen.

www.tastetlv.com: Eines der wichtigsten Themen in Tel Aviv: das Essen. Hinter jedem Gericht steht eine Geschichte, glauben die Macherinnen von TasteTLV – und so essen und schreiben sie sich durch die Stadt und bringen die Köche auch mal dazu, sie in den Topf gucken zu lassen.

www.coolcousin.com: Geniale israelische Erfindung: junge Einheimische, die ihre Stadt lieben, als virtuelle Guides aufzustellen. Also als die coole Cousine oder den hipsterigen Cousin, den man so gern hätte in einer Stadt wie Tel Aviv, um gleich an die besten Locations zu kommen. Gleichzeitig macht es einfach Spaß, sich die schön aufgemachten Kurz-Porträts der coolen Cousins durchzugucken und zu überlegen, in wessen Leben man gern mal schlüpfen würde für ein paar Tage.

O-Ton Tel Aviv

Yalla!

Aus dem Arabischen, im Sinne von: Auf geht's! Los!

Ani sorem/ ani soremet

(sehr Tel Avivi) Ich geh mit dem Flow

Toda!

Danke! (Unbedingt die letzte Silbe betonen!)

BEWAKASHA

Bitte, gern geschehen!

Joffi

Schönheit
umgangssprachlich: Super. Gut. Oder sogar: Bravo!

Ma nishma? Ma kore? Ma Shlomech (f.) / Shlomcha (m.)? Ma Holech? Ma haMatzav? MaInjanim? Ma chadash? usw.

Wie geht's? (Begrüßungsformel)

Bassa!

enttäuschter Fluch, im Sinne von: Mist! (nur dramatischer natürlich)

Hu chai be seret/ Hi chaia be seret

Er/Sie lebt in einem Film.
Er/Sie hat keinen Plan, ist völlig naiv.

Sababa

Aus dem Arabischen, bedeutete mal »großartig«, heute eher »cool« oder »okay«

Lehitraot

Auf Wiedersehen

Haiush/Baiush

Hi oder Bye in der Verniedlichungsform

Freier (m.)/Freierit (f.)

Jemand, der sich ausnutzen/übervorteilen lässt/zu viel Geld bezahlt (den regulären Preis) usw.

Das Klima im Blick

Reisen bereichert und verbindet Menschen und Kulturen. Wer reist, erzeugt auch CO_2. Der Flugverkehr trägt mit bis zu 10 % zur globalen Erwärmung bei. Wer das Klima schützen will, sollte sich – wenn möglich – für eine schonendere Reiseform entscheiden oder die Projekte von atmosfair unterstützen. Flugpassagiere spenden einen kilometerabhängigen Beitrag für die von ihnen verursachten Emissionen und finanzieren damit Projekte in Entwicklungsländern, die dort den Ausstoß von Klimagasen verringern helfen (www.atmosfair.de). Auch die Mitarbeiter des DuMont Reiseverlags fliegen mit atmosfair!

Abbildungsnachweis

Abraham Hostel, Tel Aviv: S. 87
Aderet, Tel Aviv: S. 102 (Oberweger)
DuMont Bildarchiv, Ostfildern: S. 41 (Wrba)
Agnes Fazekas, Tel Aviv: S. 25, 29, 36, 37, 38, 40, 45, 57, 86, 94, 99, 103
Getty Images, München: S. 120/9 (Andersen); 120/8 (Baverel); 14/15 (EyeEm/Cohen); 47 (DÃ©gremont); 77, 120/3 (Staff/Guez); 51 o. (Corbis/Jacobs); 120/6 (Krug); 120/4 (Lacroix); 120/2 (Staff/Lodge); 120/7 (McPherson); 4 o. (Ophir)
iStock.com, Calgary (Kanada): Umschlagklappe hinten (anouchka); 7, 113 (Chalffy); 98 (ChameleonsEye); 4 u. (eldadcarin); 44 (fotokon); 8/9 (liorpt)
laif, Köln: Titelbild (Linke); S. 93 (Schwelle); 120/5 (Shabi)
Lily&Bloom Hotel, Tel Aviv: S. 88 (Gideon Levin)
Mauritius Images, Mittenwald: S. 30, 70, 89, 109 (Alamy/Gerald); 82 (imagebroker/hwo); 60 (Alamy/Jacobs); 35 (Alamy/kpzfoto); 67 (Alamy/Paredes); 31, 76, 90 (Alamy/PhotoStock-Israel); 32, 51 u. (Alamy/Seligmann); 85 (Alamy/Sobreira); 24 (imagebroker/Strenske); 62 (Travel Collection); 46 (Alamy/Wei)
Nanuchka, Tel Aviv: S. 120/1
Papier, Tel Aviv: S. 101
Schapowalow, Hamburg: S. 80 (Amantini)
Shutterstock.com, Amsterdam (NL): S. 49 (Beraru); 12/13, 58 (Boris-B); 42, 53, 63, 72 (ChameleonsEye); 92 (dnaveh); 26 (eFesenko); 100 (Kvitka); 22 (gladcov); 20, 23 (Glinsky); 97 (hadasit); 16/17 (hafakot); 56 (Lande); 71 (Lerner); 95 (liberowolf); 69 (Meiri); 78/79 (meunierd); 74 (Naeblys); 64 (Opachevsky); 68 (Pavone); 104 (RnDmS); Umschlagklappe vorn, 61, 112 (Samoylik); 75 (Tabakman); 48 (Troiani); 111 (Turkov); 28 (Zdenar); 21 (Zhukovsky)
Teder.fm, Tel Aviv: S. 106 (Ariel Efron)
Zeichnungen S. 2, 11, 21, 22, 37, 43, 50, 71: Gerald Konopik, Fürstenfeldbruck
Zeichnung S. 5: Antonia Selzer, Stuttgart

Kartografie

DuMont Reisekartografie, Fürstenfeldbruck

Umschlagfotos

Titelbild: Strandpromenade am Frishman Beach in Tel Aviv
Umschlagklappe hinten: Leere Gasse in Jaffa

Hinweis: Autorin und Verlag haben alle Informationen mit größtmöglicher Sorgfalt geprüft. Gleichwohl sind Fehler nicht vollständig auszuschließen. Alle Angaben erfolgen ohne Gewähr. Bitte schreiben Sie uns! Über Ihre Rückmeldung zum Buch und Verbesserungsvorschläge freuen sich Autorin und Verlag:
DuMont Reiseverlag, Postfach 3151, 73751 Ostfildern,
info@dumontreise.de, www.dumontreise.de

FSC
www.fsc.org
MIX
Papier aus verantwortungsvollen Quellen
FSC® C124385

1. Auflage 2018

Autorin: Agnes Fazekas
Redaktion/Lektorat: Michaela Jancauskas
Grafisches Konzept: Eggers+Diaper, Potsdam
Printed in China

Kennen Sie die?

Nana Shrier

Jahrelang lief ihr georgisches Restaurant unter dem Klischee: Fleisch, Wodka und Exzess. Dann wurde sie Veganerin. Heute gilt Tel Aviv als Veganer-Paradies – und das Nanuchka als charmante Vorreiterin der Bewegung.

Uri Geller

Gibt an, dass er als Kind vom Blitz getroffen wurde. Kurz darauf soll es ihm den Suppenlöffel in der Hand verbogen haben. Geller kämpfte im 6-Tage-Krieg, wurde als Mentalist berühmt und lebt heute in England.

Arik Einstein

Sein Genre war die Leichtigkeit und manchmal das Belanglose. Und gerade deswegen begleitete sein warmer Bariton Generationen von Israelis. Er war der israelische Elvis, Sinatra und Springsteen in einer Person.

Gal Gadot

Miss Israel 2014 und – Wonder Woman! Ihre Besetzung führte zu den wildesten Diskussionen. In Libanon und in Tunesien wurde der Film nicht gezeigt, weil sie »als Soldatin an Angriffen auf Gaza teilgenommen« habe.

Schaf

Menashe Kadishman betreute im Militärdienst eine Schafherde. Seine Schafsköpfe sind omnipräsent in Tel Aviv. Zitat: »Jedes Schaf, das in einem Wohnzimmer hängt, ist wie ein Marienbild in einem christlichen Zuhause.«

Dana International

Die transsexuelle Popsängerin gewann 1998 bei Eurovision. Antwort auf den Protest orthodoxer Juden: »Ich bin, was ich bin, und das bedeutet nicht, dass ich nicht an Gott glaube, ich bin ein Teil der Jüdischen Nation.«

Gideon Levy

Der Mitherausgeber der Tageszeitung Haaretz gilt den einen als heldenhafter Kritiker der Politik, anderen als »sich selbst hassender Jude« mit »anti-israelischer« Haltung.

Asaf Avidan

International bekannt, seit ein Remix seines »Reckoning Songs« durch den Berliner DJ Alle Farben 2012 ganz oben in den deutschen Charts landete, als »One Day«.

Etgar Keret

Er ist einer der bekanntesten israelischen Schriftsteller und Drehbuchautoren. Auf Deutsch erschien zuletzt sein Roman »Die sieben guten Jahre: Mein Leben als Vater und Sohn«.